手はポケットのなか

コーダとして生きること

Les mots qu'on ne me dit pas

ヴェロニク・プーラン

志村響 訳

白水社

手はポケットのなか

コーダとして生きること

装丁　北田雄一郎

わたしの両親へ、
家族へ、
子どもたちへ、
二人のパパ、ニコラへ。

ゲンズブール　「愛してないよ、僕も（Je t'aime moi non plus）」って言うのさ。恥ずかしいからね。彼女のことを信用してないふりをするんだ。

記者　でも「愛してる」と言うことはできますよね？

ゲンズブール　いや。

記者　恥じらいからですか？

ゲンズブール　たぶんね。

記者　「愛してる」と言うのはあなたにとって難しいんですね……

ゲンズブール　みんなそう言っているから。僕は他の言い方をしたいんだ。

ゲンズブール *Pensées, provocs et autres volutes* より抜粋

わたしの両親は耳が聞こえない。
声で話さない。
わたしはそうじゃない。

わたしはバイリンガル。二つの文化がわたしのなかに住まう。

昼は、声、発話、音楽。物音。

夜は、サイン、声のないコミュニケーション、身体を使った表現、視線。ある種の静寂。


二つの世界を行ったり来たり。

音声。

手話。


二つの言語。

二つの文化。
二つの「国」。

気づいてほしくて彼女のスカートを引っ張った。

彼女は振り向いてわたしにほほ笑みかけ、軽く頭を動かした。「なに？」

わたしは頭を上げて、右手で自分の胸を叩く。「わたし」。それから自分の指を口に入れ、出して、また入れる。「たべる」。

わたしの身振りは少しぎこちない。彼女は笑った。

彼女は自分の手を胸に置いて、まるで心臓を掴んでおなかに移すかのように、上から下に動かした。「おなかすいた」。ろう者の国ではこうやって言うの。

わかった、ママ。おなかすいた。

•

今度はのどが渇いた。お母さんを探す。それは最初の数歩を踏み出した刹那。

台所に向かう途中でよろめき、バランスを崩した。母は瞬時に振り向いて、すんでのところでわたしを支えた。

なにも聞こえていないはずなのに。

娘になにか起こると、母はいつもそれを嗅ぎつける。


たしかにわたしの声は聞こえなかったけど、その分いやというほど見られた！わたしの身に危険が及ぶことはない。親が決して目を離さなかったから。

それに目だけじゃない。たくさん触れられた。視線と身振りが言葉の代わり。ほほ笑んで、頬を撫で、不満なときは眉をひそめる。キスと抱擁はわたしに「愛してる」と言いたいときだ。

それでも十分だった。でも、本当はもっと愛情表現してほしかった。お父さんにはとくに。

わたしたちは狭いアパルトマンに住んでいた。両親と同じ部屋で寝ていた。夜、わたしが泣くことはない。なんの役にも立たないから。いずれにせよ、わたしの声は聞こえない。

母は夜に二度か三度、わたしがちゃんと寝ているかたしかめるために起き上がった。たとえば寝ているあいだに死んでいないか、とか。

歩けるくらいの年齢になると、わたしは自分で起き上がって親を起こし、なにがほしいとか、怖い夢を見たからなぐさめてほしいということを伝えた。

でもそういうことは多くはなかった。わたしはとてもよく寝る子どもだった。物音をものともせず。わたしの眠りは凪いでいた。

母は編み物をする人だった。

隣に座って、彼女をじっと見ていた。静かに。ときどき、わたしに視線を投げかけ、ほほ笑みかけてくれた。

彼女は縫いながら針を口に咥《くわ》え、もう使わなくてよくなると赤いサテン生地のピンクッションに刺した。その針山の円周上には、同じくサテン生地の、中国人の顔をした小さな人形がたくさんくっついていた。わたしはそれで遊ぶのが好きだった。ちっこくてかわいかった。

母は出来上がった作品を置いて、わたしの手からピンクッションを取り、色とりどりの人形のうちの一つを指差しながら「オレンジ」と発音し、言葉に手の動きを添えた。わたしはそのあとを繰り返し、母の真似をした。

そして次は青い人形、赤い人形、黄色の人形……。

たまにわたしの手の動きは逆さまになった。それじゃなんにもわからない。
すると母が直してくれた。
母と一緒に、色を覚えた。
二つの言語で。

母は独特の声をしていた。道行く人たちと同じようには話さない。でもそれはわたしの母で、母が口で言うことがわたしにはわかった。

•

昼のあいだは祖母に預かってもらっていた。

十八時半。仕事を終えた両親にようやく会える時間。わたしは小さな手で手すりを掴んで、一段一段、慎重に階段を降りた。わたしたちの家は下の階だった。

父がドアを開ける。わたしは手を開いて、手のひらを口に当て、投げキッスのようにして父に向ける。「おかえり」という意味だった。それから父の腕に飛び込み、頬に口づけした。

わたしはこうして、指をパチンと鳴らすあいだに一つの階から他の階へ、一つの世界から他の世界へと移った。

四階では祖父母と。わたしは耳で聞いて、声で話す。たくさん。巧みに。

三階では両親と。わたしも、聞こえない。わたしは手で自分のことを表現した。

一九三五年、ロレーヌ〔フランス北東部、ドイツ国境にかつて存在した地域圏〕。シュザンヌはピエールと結婚し、二人の男の子が生まれた。のちにストラスブール大学で法律を教えることになる長男アンリが生まれ、数年後、一九三九年に次男ジャン＝クロードが生まれた。

ジャン＝クロードが九か月の頃。彼はあまりによく泣いた。歯が生えてきたんだろう。そういう時期よ。いや、違う。顔を引きつらせ、白目を剥いていた。救急病棟へ向かう。診断は脳炎。この子は耳が聞こえなくなるだろう。ジャン＝クロードの人生は一変した。ため息一つつくあいだに、世界から音がなくなった。

ジャン＝クロードは六歳で寄宿舎に入った。メッスにある国立ろう学校に預けられたのだ。十代の頃、彼は靴の修理屋になることを志した。木工職人以外だと、メッスのろう学校で取れる唯一の職業資格だった。ロレーヌ地方に流れ着いたエチオピア人であり、ジャン＝クロードの親友であったアスラットは、パリに移り、サン＝ジャック通りにあるろう学校で学ぶことを決めた。パリはろう者の理想郷《エルドラド》だ。可能性に満ち溢れている。ろう者サークル、ろう者たちのサッカークラブ、ろう者のための集会所……。ジャン＝クロードもぜひともパリに来たらいい。紹介したい女の子もいるし。

その頃ちょうど、パリのガンベッタ通りでろう者のための舞踏会が企画されていた。ジャン＝クロードは電車に飛び乗った。

一九三七年、アリエ［フランス中部に位置する県］。ロベールは噂の美男子だった。普段はインテリアペインター、週末はアコーディオン奏者。音楽家は周囲の村々にまでその名を轟かせ、女たちの憧れの的となっていた。行けるところならどこへでも楽器を持って駆けつける。甘美で喜びに満ちた日々。その晩、彼はサン＝プリエストで開かれる結婚式で演奏することになっていた。街中の娘たちが彼を一目見ようと押し寄せる。そのなかに一人、ロベールの視線を奪う女性がいた。大きな緑の瞳に、小さな花柄のワンピースに包まれたしおらしい佇まい。ロベールはジャヴァの曲を鳴らし始めた。視線は女を捉えたまま。含み笑いを浮かべながら。彼女の名はアリス、式場から近い農園の小作人の娘だった。

二人は結婚。一週間後、アリスは妊娠した。

若夫婦はロベールの実家に居ついた。アリスは働かず、専業主婦になる。ロベールは仕事を続けるが、舞踏会へ繰り出す頻度は減るだろう。戦争は終わる気配がない。男たちは次々と死に、女たちも踊る気分にはなれなかった。

一九四一年、十月。アリスは長女ジョゼットを出産。

赤子はよく笑い、はきはきしていたけれど、ときどき虚ろな様子だった。まったくの上の空。どうやら音に反応しないことがある。自分の世界に閉じこもっているみたいだ。少しずつ、アリスは締めつけるような不安に駆られた。なにか、おかしい。アリスは手を叩いたり、家具を叩いて音を鳴らしてみた。日に二十回。二回に一回、ジョゼットは飛び上がった。

ドアがバタンと閉まる。ジョゼットはびくっとする。よし！　大丈夫、大丈夫……。

ある日のこと。ジョゼットが棒を手に持ち、棚の上に置いてある陶器の壺をひっかけて遊んでいた。ガシャーンと響き渡る音。アリスは咄嗟《とっさ》に駆け寄った。ジヨゼットの方はというと平然としており、なにも気づいていないようだった。

十か月。確証を得るのに十か月かかった。彼女は目に見える動き、あるいは振動を伴う物音にしか反応を示さなかった。ひとたび影や風の動きを感知すれば、稲妻のごとき素早さで振り返る。たいしたまやかしだ。

ジョゼットは耳が聞こえなかった。

聞こえないし話せない。

百パーセントろう者だった。

一九四四年、六月。二人目の子どもが生まれた。名前はギイ。

すでに経験者である彼らに、今度はものの数週間で審判が下った。異論の余地なし。

ギイもろう者だった。まったくもって聞こえない。

ロベールとアリスは打ちのめされた。

どうしてこんな不幸が降りかかるんだろう？　どうしてわたしたちに？　二人とも障害者。わたしたちの子どもは二人して障害者だ。家系に聴覚障害者がいるわけでもないのに。一体なにをしたからって、こんな仕打ちを受けないといけないいんだろう？

ギイは姉と違って、自分から話そうとしなかった。コミュニケーションを取ろうとしなかった。彼はただ、じっと見た。そして描いた。まるで自分の手の一部みたいにチョークを操った。世界とのあいだに言葉も文字も必要なかった。頭、手、チョーク、黒板。絵。

そして彼の絵は、同い年の子どもが描くそれとはかけ離れていた。装飾はいらない。クロッキーは正確で無駄がなかった。ギイは当時三歳、多少のぎこちなさこそあったが、表現しようとしているものを的確に写し出していた。

水滴が形作られ、肥大し、蛇口の先から滴り落ちる様をギイは何時間でも眺めていられた。

姉も、彼も、二人とも快活な子だったけれど、両親とのコミュニケーションとなると難儀だった。彼らに話しかけるにはまず、正面で向かい合わなければならない。背中を向けていたり、隣の部屋にいるときは、探しに行かなければならない。理解してもらう方法を見つけなければならなかった。ジェスチャー（可能なときは）と声のミックス。なるべく簡単な単語を、過剰にはっきり発音して。ロベールは打ちひしがれた。結婚して、子どもをたくさん持ちたかった。子どもには大学へ行ってほしかった。自分は初等教育しか受けられなかったから。子どもが音楽家になることを夢見ていた。自分と同じように。

皮肉な運命。

ジョゼットは六歳になる。両親は彼女を寄宿学校に入れた。パリに移り住み、生活が落ち着くまでのあいだだけ。

なんというところだ！

動物みたいな叫び声を上げるろう児たち。
ダウン症の子どもたち。
知的障害者たち。
なにかにつけて彼らをつまみ出す意地の悪いシスターたち。
地上の地獄！

ジョゼットをこんなところにずっとはいさせない。長くて数週間。ロベールとアリスはパリにアパルトマンを見つけ、二人の子どもを国立ろう学校に入れた。新しい人生の幕開けだ。パリでは、人々の視線はそれほど攻撃的ではなかった。アリスもロベールも周囲に溶け込み、子どもたちによりよい未来を見せてあげられるかもしれない。他人に精神遅滞者だと思われなくていい未来。

ロベールは塗装工の職を得た。アコーディオンもパリに持ってきてはいたが、音楽と栄光に彩られていたページは捲《めく》られた。彼もわかっていた。音楽のために生まれ、絶対音感を持ち、二人の子どもはろう者だった。あんまりだ。冗談にもほどがある。笑い話にもならなかった。

アリスの方はというと、持ち前の献身によって自分自身も救われていた。彼女は毎朝、毎晩、重荷を背負ってパリを移動した。何キロもの道のりを徒歩で、あるいはバスで。パリに一つしかない特別学校、サン＝ジャック通りのろう学校へ子どもたちを送っていくために。自分の抱えているものの重さに負けず、アリスは笑っていた。

ジョゼットは成長し、すらりとした美人になった。いつも明るく、学校で出会ったろう者の友人たちに囲まれていた。父親は娘に対し過保護だった。そろそろフィアンセを見つける頃合いだろう。

ちょうどいい、ガンベッタ通りで舞踏会が開かれる予定だ。友人のアスラットと一緒に行ってみよう。男友だちを紹介してくれるみたいだし。

ろう者はろう者同士で結婚する。

ろう者のあいだでなら、同じ目線でコミュニケーションを取り、互いを理解し、知識を共有できるという安心がある。同じ世界の住人なのだ。

だから母はろう者である父と結婚した。

おじが結婚した女性もろう者だった。

いとこのエヴが生まれた。それからその妹のヴァレリー。さらにその弟のアレクシ。

みんな聴者だった。

わたしと同じ。

生後半年のあいだ、わたしは保母さんに預かってもらっていた。父方の祖母がその方が理に適っていると宣《のたま》ったのだ。親がろう者じゃ、赤ちゃんの面倒見られるか心配だからね……と。

祖母は郊外に一人、保母さんを見つけてきた。わたしたちの住む家からはちょっと遠かったので、平日のあいだはずっとそこで暮らした。朝昼夕食つき。わたしは静かだった。睡眠薬を飲まされていたから。週末、両親のいる家に帰ると、わたしは騒がしかった。睡眠薬を飲まなかったから。

ところがある日を境に、母方の祖父が痺れを切らした。赤の他人が孫の面倒を見るなど我慢ならない。ある金曜の夜、彼はわたしを迎えにきた。もうここに戻ってくることはないだろう。

レストランへ行くと、幼い子どもがみんなそうであるように、わたしもじっとしていられなかった。立ち上がってテーブルというテーブルを見て回るのが好きだった。そこにいる人に話しかけるのも。飽きもせず。

「ねえなにたべてるの？　おいしい？　わたしはね、おとうさんとおかあさんといっしょなの。あそこのテーブル。ふたりはみみがきこえないの」

わたしは誇らしかった。みんなにこう言って回った。

その度、母が迎えにきた。そしてぎこちなく「すみません」と発音した。わたしは即座に手話で彼女を遮って、どっちの言語も話せるんだとアピールした。母がわたしたちの真似をして声で話すのが好きじゃなかった。

わたしは強がって、粋がった。そうせずにいられなかった。

そして確信した。違いはきっと武器になる。

とはいえ、その違いのせいで恥ずかしい思いをすることもあった。バスのなかでたまに、母はおならをした。それもとってもよく響く。彼女は自分の発する音に気づいていなかった。わたしは、気づいていた。もちろん他の乗客も。

街中ではもっとひどかった。

しつこい視線が気になってしかたがない。

母はそれをよくわかっていた。可能な限り目立たないように、あまりわたしに話しかけないようにしていた。

パン屋へ行くと、母はバゲットを一本頼んだ。

「わかりません。なにがよろしいですか、マダム？」

「パケット、いととぅ」

店のおねえさんの目つきは混乱していた。

わたしの出番だった。母の援護に駆けつける。

「バゲットひとつ、おねがいします」

「あぁ！　もちろん、失礼しました」

店を出ながらわたしはそのバカ店員に黒い視線を投げかけてやった。

母は慣れているので、笑っていた。


なにを言っているのかわからないからと度々わたしの仲介が求められ、そのせいで母がうんざりすることもあった。そんなとき、彼女は苛立ちを露わにした。

「やめて娘にたのむ。パン。わたしパンほしい。かんたん！」

少し気が詰まったけれど、母は正しかった。どいつもこいつも能なしで、両親に向けられる視線は耐えがたかった。


他人がわたしの両親を、バカでも見るかのような目で見る。

他人が勝手に、ろう者の親を持つなんて大変だと決めつける。

わたしは違う。

わたしにとってそれはなんでもなくて、普通で、それがわたしの人生。


地下鉄も最悪だった。

両親がヴァンセンヌの動物園に連れていってくれた。父と母、二人で話している。みんながそれを見ていた。地下鉄のドアが閉まると、人々は振り返ってホームから二人をじろじろ見た。口を隠して吹き出すやつもいたし、なにも見えないふりをするやつもいた。わたしはどうしようもなく困惑したし、みんなが二人を珍奇な動物でも見るかのように凝視するのもいやだった。わたしは覚悟を決めた。しっかりしなきゃ。父の手をがっしり掴んで、なにも気づかなかったことにした。

数駅が過ぎると、怒りがこみ上げてきた。わたしは爆発した。

「なに？　こっちみないでよ！　ふたりはみみがきこえないけど、それがどうしたの？」

無音の車内。乗客はみな自分の足下を見ていた。父と母も察したようだった。
そしてわたしをなだめた。「いつもこうだから」、大丈夫だから。

悲しみを憶えている。
怒りを憶えている。
衝動を憶えている。
殺してやりたい。
なにがなんでも二人を守りたかった。
誇りと、恥と、怒りのあいだで揺れている。
ずっとずっと。

「パパ、今日わたしたちするなに？」

「わからない。ママきいて」

「ママ、今日わたしたちするなに？」

「あなたしたいなに？」

「しらない。プール？」

「いや、プール違う。あなたしたい散歩？」

「えー」


「ママ、わたしたちたべるなに？」

「お肉とじゃがいも」

「なんじ?」

「じゅっぷん」

週末、三階で両親と話すことといえばこのくらいだった。ろう者の会話。なんの面白みもない。

•

わたしはよく喋る。とにかくよく喋る。
いっつも大声で、おしゃべりしている。鏡に、人形に、自分自身に向かって。
けれども親とではない。
家のなかは完全な無風。
退屈だ。どうしようもなく退屈だ。
わたしはベッドに横たわる。
ひとり。
さみしく。
まるで誰とも話せない子みたいに。
窓の外を眺めてやり過ごす。時間が過ぎるのを待つ。いつまでも。

虚空を見つめながら、想像する……。

別の人生を。退屈なんて存在しない人生。たくさん笑っている人生。

夢は膨らむばかりで、現実はわたしを退屈させる。


両親が観る映画は無音だ。バックに聞こえる会話もないし、バカでかい声も汚い言葉の応酬も、笑い声も言い合いもない。

わたしは大人たちが話しているのを聞きたい。

でも彼らは、両親はなにも言わない。

ときどき母に、テレビを点けてと頼む。

別になにか見たいわけじゃない。ただ声を、雑音を聞きたいだけ。

沈黙の泡のなかにでもいるみたいだ。ぺちゃくちゃいう口の音とか、呼吸音とか、鍋を食器棚にしまう音とか、通りから聞こえる車のエンジン音さえもなかったら。

たいして心地よくもない、ザラザラした音。好きじゃない。

わたしは話したい。それかもう死んじゃいたい。日にもよるけど。

本当に耐えられなくなると、わたしは家出をした。

遠出するわけじゃない。四階に行くだけ。

おじいちゃんとおばあちゃんのいるところに。

わたしは埋め合わせる。二人に声を浴びせかける。二人とも大喜びして、話し声に酔いしれる。「普通」の孫を持って幸せと言わんばかりに。彼らも埋め合わせているのだ。耳の聞こえない子どもたちとは決して共有できなかったことを、孫のわたしと共有して。ときどきわたしは、ただ二人に喜んでもらうためだけに話をしに行った。なにも話すことなんてなくても。

おじいちゃんはおまえはきっと音楽家になると言った。そしてソルフェージュを教えてくれた。

おばあちゃんも賛成だった。

「音楽家なんて素敵ね。作曲するっていうのはね、自分の世界を作るってことなの。音楽家になれるなんて幸せよ」

わたしは医者になりたかった。医者になってみんなの病気を治したかった。

母方の祖父母はわたしのアイドルだった。とくにおじいちゃん。わたしは祖父が大好きだという気持ちを際限なく伝え、無条件の愛をもって接した。そしてそれは彼も同じだった。

おじいちゃんの期待に応えたかった。

わたしのことを自慢に思ってほしかった。

保母さんの家に迎えにきてくれたのもおじいちゃんだった。

わたしのヒーロー。永遠のヒーロー。

わたしが生まれてから、二〇〇七年に彼が亡くなるその日まで、どんなことがあっても絶対にわたしを支え、応援し、信じてくれた。

大変なことがあると、まずおじいちゃんに相談した。大人になり、ちょっとした失恋や仕事の失敗を打ち明けることもあった。すると決まってこう言ってわたしを元気づけてくれた。「おまえのことはなんも心配しとらん。おまえはなんでもできる。大丈夫だ、うまくいくから」

わたしは彼の言葉を信じた。


けれどその愛に溢れた母方の祖父母が、若かりしわたしの交際話を聞かされたときに限っては気をつけなさいと口を酸っぱくして言った。あなたの親は障害者なんだから、誰があなたと子どもを作りたいなんて思う？ あなたと添い遂げてくれる人なんていると思う？

これにはほとほと嫌気が差した。どっちにしたって、子どもなんていらないし。

・

今夜はパーティーに行く。

ろう者の集会所はこの日、ダンスフロアに様変わりしていた。舞台の後ろでは、イベントのために雇われた楽隊やミュージシャンたちが、音楽なんてちっとも聞こえない人々のために待機している。

けれどいざ演奏が始まると、彼らはニコニコしながらタンゴ、サルサ、ロック、ジャヴァと曲目を繋げていく。なんという力強さ！　想像力！　人類愛！

楽隊の足下には小さなパネルが置いてあり、今どの音楽を踊っているのかを表示していた。見ると「タンゴ」と書いてある。母は父の手を引っ張って、踊り狂いひしめき合う人々のなかに飛び込んでいった。

今度はカップルたちが背中に腕を回し抱き合っている。なるほど、パネルには

「スロー（フォックストロット）」の文字。
え、もしわたしがパネルをひっくり返したらどうなるかって？

わたしは毎週末、ろう者の集まりに嫌々ついていった。両親にいたるところに連れ回された。土曜日の夜は会館に集い、顔を合わせて語り合い、酒を飲んだ。ようするに楽しい飲み会だ。といっても大人たちにとっては。わたしにしてみれば退屈極まりなかった。目の前を塞ぐ脚の森をくぐり抜けるのも一苦労。ひとまずずぼーっとしながら彼らが話しているのを眺める。言っていることの半分もわからない。あちらこちらで飛び交う手話。手は忙しなく動き、腕が視界を埋め尽くす。それはそれで綺麗だったりする。奇妙な笑い声。オノマトペ。唸《うな》り声。ゼイゼイ息を吐く音。ときどき聞こえてくる単語。意味はわからない。

わたしこんなところでなにしてるんだろう。

ふとした瞬間、父がわたしを抱きかかえていく。大人たちはわたしに口づけし、髪を撫で、頬をつねる。それがいやだった。みなおかしなやり方で気持ちを表現する。そんなことは慣れていた。わたしのことを知らない人は、わたしがろう者かどうか父に尋ねた。

いや、わたしはろう者じゃない。聞こえるし、話せるし、家に帰りたかった。

•

両親と過ごすヴァカンスが大好きだった。いつも決まって海辺に出かけた。二人はわたしをうっすら視界に捉えながらも好きに遊ばせてくれた。わたしはもう三歳だから、おねえさんだ。冒険に繰り出したっていいし、知らない人とおしゃべりしに行ったっていい。

夢中になって遠いところまで来てしまい、両親を見失った。浜辺は広大だ。母はわたしがもし迷子になったらどうすべきかを明確に指示してくれていた。動かないで待っていなさい。わたしは砂の上に座った。バレーボールの試合をしている人たちがいて、それを見ていた。いいなぁ、バレーボール。女の人が近づいてきて、一人なの？　監視員さんのメガホン借りてお父さんとお母さん呼んであげようか？　と聞いてくれた。

「ううん、へいき。ふたりともみみがきこえないから。ここでまってる」
両親は必死になってわたしを探し回った。わたしは彼らを待った。二時間ものあいだ。

いとこのエヴはというと、また事情が違った。おじのギイはエヴに最悪のヴァカンスを過ごさせることにかけては達人の域だった。彼はある目的に取り憑かれていた。それはろう者のルーツを見つけ出すこと。

四月になると早速、ギイは情報収集を始める。リビングのテーブルをカードで覆い尽くし、毎週日曜は研究に捧げた。巡礼の目的地、ろう者の歴史にまつわる聖地を見つけるために。

さながらフランス奥地を駆けるロードムービー。目指すはヴォージュ、ドゥー＝セーヴル、パ＝ド＝カレ地方の果ての果てまで。彼は想像力を漲《みなぎ》らせ、どうにもあやしい場所を見つけては、一八三二年にそこで一人のろう児が修道女に拾われただの、別の場所では一七三八にド・レペ神父［シャルル＝ミシェル・ド・レペ。フランスの教育者。十八世紀半ば、世界で初めてろう学校を設立する］と近しいろう者が暮らしていただのと絵空事を並べていた……。現地へ赴いてみると、件《くだん》の家はとうの昔に失われ、足跡を追っていた何某《なにがし》の存在を知る者などもはや誰もいなかった。ギイは家々を尋ねて回り、そして苛立った。観念したエヴは通訳として同行し、彼女の父と、まったく誰の話をしてるんだかと呆気に取られた村人たちとのあいだに立った。

　年に三週間、降りしきる雨のなか、クレルモン＝フェランからディジョンとメッスを経由してヴズールまで、エヴは楽しい楽しいヴァカンスを過ごすのだった。

　ある年、彼女の両親が旅行でブルターニュを訪れたとき、ちょうど「アヒルのダンス」がフランス中で大流行していた。夏のダンスチューンだ。

　居間の真ん中で体を左右に揺らし、腕をバタバタとさせては、ほら見ろ、これがブルターニュの民族舞踊だ、と得意げに言っていたおじの姿が忘れられない。

•

九月、新学期。幼稚園に帰ってきた。友だち、おやつ、おうた、ものがたり。ここでの暮らしは悪くない。ここではみんなおしゃべりして、歌って、大声で叫んで、お話を読んだ。読み書きができたらいいのにな、とわたしは思った。街の店先で踊る言葉の数々、そのぜんぶを理解してみたかった。

両親は読み書きができたけれど、彼らがそれを教えてくれるわけじゃない。ろう者にとって、アルファベットの文字一つひとつ、フランス語の単語一つひとつを正確に発音するのはひどく骨の折れることだった。

二人はわたしに読み書きを教えられない。

おばあちゃんにお願いすることにした。彼女は待ってましたと言わんばかりに喜び勇んで、ええ、なんとしてもやり遂げるわ、と言った。そして一九六八年、十二月。恍惚と、天にも昇る幸せを噛みしめながら、わたしは生まれて初めての言葉を書いた。「うま（cheval）」。その子どもが「こうま（poulain）」だ。

わたしの人生も面白くなってきた。これから文字が読めるんだ。やっと退屈じゃなくなる。

説明書、パンフレット、新聞、郵便受けに書かれた名前、街中の壁に貼られた広告、そしてビブリオテックシリーズ［フランスの学童向け図書コレクション。色ごとに趣向の異なる文学作品、漫画などに親しめる］は「ピンク」も「緑」も「赤と金」も隈なく読んだ。とにかくなんでも。目に飛び込んでくるものはなんでも。

わたしは、わたしには言ってもらえない言葉たちを貪るように読んだ。

両親にお願いして、学校の合唱団に入れてもらった。わたしは歌うのが好きだった。今日は本番当日。シルク・ディヴェールでコンサートを開く。両親は最前列に座っていた。思い思いにわたしの歌を聴いて、正確なタイミングで拍手をした。わたしがなにをしているかなんて少しもわからなかったはずだけれど、二人はつき合ってくれた。いつも。どんなわたしのわがままにも。

わたしが歌をやめてクラシックダンスを始めたときも、サル・プレイエルでのショーは一つとして見逃さなかった。二人はわたしのことが誇らしかったんだと思う。

「でもさ、親と話すときはどうするの？」

やってらんない。もう答えるのもうんざりだ。

エヴはわたしと違って協調性があるので、手を使って話すんだよ、と説明してあげていた。

けれどクラスメイトたちは話を信用せず、エヴを嘘つき扱いした。すると彼女は作り話をした。

わたしのお父さんは絵描きでね、色とりどりの小さな旗がたくさん入ったケースを作ってくれたの。それでお父さんになにか伝えたいことがあるときは、必要な旗を取り出すの。怒っているときは赤い旗。おなかが空いたらハムとフライドポテトの絵が描かれている旗、みたいに。その話は学校中に広まって、担任教師の好奇心を掻き立てた。彼女はエヴに、その小さな旗の入ったケースを持ってきて、ろう者の親がどのように子どもとコミュニケーションを取るのかについてクラスで発表してくれないかと頼んだ。

どうやってその嘘を取り繕ったらいいものかと戸惑い、エヴは白《しら》を切った。いや、旗が増え過ぎて、小さなケースどころかスーツケースみたいな大きさになっちゃったんで、運べないんです。その代わり次の月曜日、二人のやり取りを説明する絵を学校に持ってくるとエヴは約束した。家に帰るとすぐ、大変なことになったと父親に話した。その気になったギイは週末を返上して絵を描き、彼らの日常を一編の漫画に仕立て上げた。

嘘から出たまこと。

•

なんでわたしの親は話せないんだろう？

なんでわたしの声が聞こえないんだろう？

なんで家のなかで離れた場所にいるとき、「パパ」とか「ママ」とか大声で呼んでこっちへ来てもらえないんだろう？

両親を呼ぶにあたりいくつかの方法がわたしにはあった。
だらだら作戦：二人が振り向いてわたしに気づいてくれるのを待つ。緊急の用があるときは使えない。
ばたばた作戦：早く伝えなきゃ、待ってなんかいられない。起き上がって二人の肩を叩く。

ゆるゆる（だけどいちばん効果的）作戦：電気を点けたり消したりする。二人が振り向く。やっと話せる。

それか、部屋のなかで本を放り投げる。でもそれは心が痛んだ。自分が持っている本が大好きだったから。

あるいはもう、二人に向かってものを投げちゃう。

ときにはどうにもならないこともあった。

トイレに入っていて紙がなくなってしまったときとか……。わたしが家にいるのを忘れたまま両親が鍵をかけて仕事に出てしまい、ドアの後ろから叫んでいるのに気づいてもらえないときとか。そんなことをしても意味はない、わかってる。それでも叫んだ。聴者だったらみんなそうするものでしょう……。

・

おまえの両親どうしたの？
普通じゃないの？
なんであんな声なの？
本当になにも聞こえないの、それともちょっとは聞こえるの？
音楽も聞こえないってこと？
生まれつきそうなの？
じゃあなんで自分は聞こえるの？
にしても変だなあ。話すときはどうしてたの？
手を使って話すって本当？
もしおまえに子どもができたら、やっぱりその子も聞こえないの？

学校では周りからこんな質問ばかりされて、わたしはとにかく不愉快だった。いつも同じ質問。ひっきりなしに。性懲りもなく。

だからもう、親の障害の話はしないことにした。というか両親に関することは一切話さなくなった。それでようやく解放された。

今日はわたしの誕生日。九歳になる。お母さんがおやつを用意してくれた。友だちもそろそろやってくる。わたしは落ち着かない。チャイムが鳴った。彼女たちだ。ドアを開ける。一応、言っておかなきゃ。みんなが玄関に足を踏み入れるなりわたしは告げた。出し抜けに、なんでもない風に。「あ、うちの親ね、耳が聞こえないんだ」

友だちはみんな困惑して、迷子にでもなったみたいに右を向いたり左を向いたりした。それからうつむいて、いかにもばつの悪い様子でもごもごと母に「こんにちは」と言った。もうムカつく！

結局、わたしがその話をしようがしまいが、いつも最後には気まずくなった。母は迷惑をかけないようにとそっと姿を消し、おやつのあいだずっとできるだけ音を立てず、わたしに話しかけないようにしていた。まるで物言わぬ女中さんみたいに、肩身の狭そうな女子たちをもてなした。これほど気を遣って、わたしの友だちがくつろげるようにと努める母を見るのは痛々しかった。

お母さんはお母さんなのに。合わせてあげなくたっていいのに。まして自分の家なんだし。

わからずやのあの子たちが出ていけばいいんだ！

お父さんが地団駄を踏んでいる。息を荒くし、威圧的に指を立て、眉をひそめてわたしに自分の部屋に戻れと命ずる。

今回ばかりは本当に怒らせてしまったみたいだ。

父は叫ばない。まったく。ただ、憤怒の表情でわたしの方を見ている。

それはわたしが生まれて以来の、わたしたちのあいだのコードだった。お父さんが激怒しているのは見ればわかるし、少し怖くもある。

わたしは従う。

逃げるように部屋へと戻る。

インド人よろしく、ろう者は一人ひとりにあだ名をつける。その人を識別するための、生涯使うことになるサインネームだ。

それは身体的特徴から取ることもあれば、性格に由来することもある。

いとこのアレクシは二歳の頃から街中で脱走するような子だったので、三十五年経った今でも「遁走者」というサインネームを保持している。親指を立てて、架空の群衆のあいだを縫っていくような動作。

母はとても明るい人で、「いつもニコニコ」というサインネームがある。親指と人差し指を開いた状態であごに当て、口角を上げるように指のあいだを広げていく。そしてこの動作を素早く二回繰り返す。母という人はそれだけ、いつでもニコニコなのだ。

父はナイフで彫ったような顔立ちなので、「窪んだ頬」。親指を立ててこめかみに当て、口元まで斜めに下す。

おじのギイは恰幅のいい人なので、「ぷっくり頬」。右手でCの形を作り、頬の上で二回跳ねさせる。けっこうかわいい。

なかにはあまり嬉しくないものもある。「大きい鉤鼻」とか「卵みたいな禿げ頭」、「尖った耳」（これはサルコジ）、「太眉」（これはポンピドゥー）、「吸血鬼の長い歯」（ミッテラン）などなど。オランドに関しては、長いこととあのチューリップの国と同じ手話が使われていた。けれど共和国大統領になってからは、違うサインネームが用いられるようになった。以来、頬にある二つのこぶが彼のシンボルになっている。人差し指と中指でVの形を作り、二つのいぼがあるあたりを目がけて頬をそっと叩くのだ。

サインネームがないときは、ろう者は名前を綴りで表すために手話のアルファベットを使わなくてはならなくなる。でもV-É-R-O-N-I-Q-U-Eは指文字で表すには長い。

そうしてわたしの名前、他の誰でもないわたしの特徴を捉えたサインネームは「夢想家」になった。

母がつけてくれた名前だ。

子どものとき、わたしにはそれがなぜだかわからなかった。どうして「夢想家」なの？

ある日、わたしは理解した。小さい頃、ぼんやりと考え事をしながら窓の外を眺めている時間があまりに多かったものだから、それが母には深く印象に残っていたのだろう。

中指と人差し指でVéroniqueのVを形作り、こめかみを起点に旋回しながら空中へ立ち上っていく。「夢想家」。

なかなか詩的だ。美しい。人生が見えてくるかのよう。

ところが……どうやらわたしは間違えていたらしい。今しがたこの一節を読んだ母が異議を唱えた。

「あなたのサインネーム〝夢想家〟じゃない、〝うっかり者〟」

「違うよお母さん、〝夢想家〟だったでしょ昔から」

「いいえ、〝うっかり者〟」

こめかみからVの字が飛んでいくのは間違いないし、方向も合ってる。けれど旋回しながらではなかった。小刻みに震えながら、だったのだ。微妙な差だ。たったこれだけの違いだが、意味は変わってしまう。

「小さいあなた、うっかり者。夢想家じゃない。あなた忘れたなんでも、いつもいつも。うっかり者」

わたしは声が出なかった。三十年ものあいだ間違っていたのだ。それか忘れてしまっていた。

そう、わたしはうっかり者。これまでもこれからも。

もっと手間をかけず、他から取ってきて間に合わせのサインネームを作ることもある。その友人家族はシェパードを一匹飼っていたものだから、みんなまとめてその犬の名前で呼んでいた。

エヴは彼らとよく顔を合わせた。その家族にもエヴと同じくらいの歳で、同じように耳が聞こえる娘がいたのだ。その日、エヴは彼らと一緒にスーパーに来ていた。そして迷子になった。しっかり者の彼女は受付まで行って助けを求めた。

「迷子になりました。わたしの名前はエヴです。友だちの親をアナウンスで呼んでほしいのですが……」

「もちろんですよ。その人たちのお名前は？」

「犬のフリスコ」

「えーと、すみません」

「犬のフリスコです」

「迷子のエヴちゃんが受付にて、犬のフリスコご夫妻をお待ちしております。繰り返します……」

あれから四十年経ったけれど、エヴはいまだに彼らの本当の名前を知らないんじゃないかと思う。

あまり話しかけてこない父とは対照的に、母はというとおしゃべりそのもので、こちらの注意を引くために何度も肩を叩いてはわたしの神経を抉《えぐ》ってくる。注意を引く、というより、手をぶんぶん動かしてこちらの視線を無理やり引っ張る。ああ苛立たしい。絶えず肩をトントンと触られるのはちょっとした身体的加害、耐えられない。わたしはその度にびくっとして、体が拒否反応を示す。電気の点滅で知らせてくれた方がまだ優しい。

父はそれを理解してかわたしの肩の上にそろりそろりと手を載せるのだが、それがまた輪をかけて鬱陶しい。素直に言ってくれればいいのに。話しかけたいくせにそれを表明しない、ということがわたしを凍りつかせる。わたしに対する愛情不足に思えてしまう。

どうしようもない。わたしが文句を言うのは完全に不公平だし、正当化できない。けれど彼らのやることなすこと、すべてに腹が立ってしまう。両親が話しかけてくるとき、彼らの方を見ていないといけない。二人の話を聞きながら靴紐を結ぶことも、引き出しを漁ることも、背を向けながら窓の外を眺めることも、なにかを読んだり書いたりすることもできない……。わたしのやるべきことは、とにかく彼らから目を離さないということだけ。

まったく疲れてしまう。

話を理解するためにわざわざ顔を向けないといけないなんて。

彼らの手と、表情と、身体の微細な動きを同時に捉える。

他にどうすることもできない。一瞬でも目を逸らせば、まるごと話を追えなくなってしまう。

手話は完璧に理解できるとはいえ、ラジオを聴くのに比べればはるかに集中力を要する。

それから、彼らと話すときはいつでも手を空っぽにしておかないといけない。

髪を整えながら、料理をしながら、ゴミを出しながら会話をするなんて芸当は不可能だ。

二つを天秤にかけ、わたしはあまり彼らに話しかけない方を選んだ。

テレビを観ている。白黒の映画。腕に赤子を抱えた女性が森のなかを走っている。ドイツ人の兵隊に追われているようだ。けたたましく響く軍靴の音。わたしは恐怖で震え上がる。彼らが女に追いつこうとしている。危ない。わたしが助けに入らないと、殺されてしまう。だからわたしは画面越しに女に語りかける。映画はフランス製ではない。わたしの言っていることがわからないようだ。それでも叫ぶ。「急いで、もっと速く走るの！」そこで奇跡が起こる。画面に字幕が表示され、わたしの言葉を翻訳してくれているのだ。今度は彼女がわたしに答える。疲れ果ててしまって、もう走れない。わたしは彼女を励ます。会話は熱を帯び、字幕は猛スピードで流れる。彼女は鉄柵の前で立ち止まる。ドイツ兵はもうあと数メートルの距離だ。わたしは声を嗄《か》らす。「もう少しよ、そこを登って！　赤ちゃんは反対側に投げて！　大丈夫、地面には泡のクッションがあるから！」

彼女はわたしの言った通りに反対側へ跳び移った。ようやく安全な場所へ来て、ドイツ兵はもう手出しできない。赤子をぎゅっと抱え、彼女は走り続けた。そして小さな家に駆け込む。一時停止。家がぐるぐるとその場で回転し、画面は凪いで澄み切った海の映像に切り替わる。わたしは汗を流しながらも、彼女の顛末を見届けられた安心感とともにテレビを消した。

可笑しいったらない。夢のなかでさえ、母親というものはわたしと違う言語を話す。字幕がないと伝わらない。

今日、おばあちゃんが死んだ。

今日はそして、わたしの誕生日だ。十一歳になった。

学校からの帰り、家に着く最後の一本道で、道路の奥の方に父が見えた。窓に張りついている。父はこちらに向けて大きく腕を動かした。

「おばあちゃん、死んだ。おばあちゃん、死んだ」

わたしは泣き崩れた。

ろう者が窓越しに悪い知らせを告げるのは禁止した方がいい。心が砕け散るのがその分早まってしまう。

引っ越すことになった。十二年間、わたしたちは2DKの狭い家に住み、両親と同じ部屋で寝ていた。

父が貯金でアパルトマンを買い、わたしはそこで自分一人だけの部屋を持てるそうだ。それはたしかに魅力的だったけれど、見知らぬ土地にいきなり追放されるという知らせをすぐには呑み込めなかった。祖父母と離れるのは心を引き裂かれる思いだ。転校とか、ありえない。そんなところに住みたくなかった。わたしはパリジェンヌ。ずっとパリにいたかった。RER［パリ市内と郊外を繋ぐ鉄道網］だってバスだって歩きだって我慢する。結局、引っ越し先の郊外からパリの中学へ通うことになった。

四部屋。前の家の四倍の広さ。風呂場には浴槽も、洗面台もビデもついてる。

もうキッチンのシンクで体を洗わなくていい。トイレはセパレート。共用トイレとも家庭用の尿瓶ともおさらばだ。わたしの部屋は両親の寝室と壁を隔てて隣り合わせだった。

新居で過ごす最初の夜。ベッドに横たわり眠ろうと試みる。だめだ、眠れない。隣の部屋から奇怪な音が鳴り響く。両親のベッドが不規則なリズムで軋み、母はうめき声を上げていた。わたしは寝返りを打ち、振り返った。絶対、なにかおかしい。

怖いもの見たさで起き上がった。なにがどうなっているんだろう、二人の部屋に入ってみる。母はパニックになり、腕を振りかぶって出ていくようわたしに命じた。仰せの通り咄嗟《とっさ》に部屋を立ち去る。恥ずかしさがこみ上げる。見ちゃった。

十二年間、夜は両親のベッドから一メートル半の距離で眠っていたというのに、わたしの耳は完全に塞がれていた。毎夜、何時間ものあいだ、深い昏睡に耽っていた。わたしの耳は外からやってくるあらゆる聴覚刺激に対し閉ざされていた。

そして今日、やっと自分だけの部屋を持ち、二人と離れて寝ようとしていたところに……。

聞こえた。

ぜんぶ聞こえた。突然に。

耐えられない。

いまだかつて感じたことのない衝撃。

わたしの両親は沈黙の世界の住人だと思っていたけれど、彼らは今や聴者よりも激しく音を立てる。

話さないし、聞こえないくせに、耐えがたく耳障りだ。

十二年間、お互い寄りかかって暮らしてきたし、隠し事もなに一つなかった。にもかかわらずなにも見ず、聞かずにいられた。なんでそんなことができたんだろう？　彼らは夜、わたしの真横で交わっていた？　いびきをかいていた？　なにも知らない。鈍いにもほどがある。

新しい人生が始まった。この喧噪のなかで生きてゆく術を身につけなきゃいけない。彼らの小便の音も、性交の音も、大便の音も聞きたくなかった。トイレも風呂場もない失われた楽園が恋しかった。

　これからはぜんぶ我慢しなきゃいけなくなる。

ろう者がどれだけうるさいか、普通は想像できないだろう。

それは朝から始まる。父が起床し、リノリウム張りの床の上で足を引きずる。気が利く父は革製のバブーシュを購入していて、一歩踏み出すごとにかかとがパタパタ鳴り、床の上でキイキイ軋《きし》る。お次はトイレに向かい、開けたドアはそのまま勢いよく壁にぶつかる。百八十センチの体躯から降り注ぐおしっこが川の激流のごとき轟音を立てることなど知らない彼は軽快に膀胱を空にし、しぶきを上げるごとに満足げに息を漏らす。そして流すのは忘れる。ラッキー！　やっと束の間の静寂。

　今度は母が起きる番。台所へ向かい、朝食の準備に取りかかる。そこであやしい不協和音が聞こえ出す。食器棚がバタンと閉まり、わたしはビクンと飛び上がる。次いでコーヒーの棚、カトラリー用の引き出し、冷蔵庫のドア、そしてオーブン。オーブンのドアの音量といったらそれはもう。最悪だ。ガシャガシャ、パタパタ、ガタガタ、ギシギシ……果たしてわたしは目を覚ます。キレやすく、反抗期真っ只中だったわたしは手のつけられない逆上女のごとき形相で台所に突入し、ヒステリック上等、大声と派手な身振りでまくしたてた。驚きのあまり耳でも聞こえなくなったみたいな顔でこちらを見返す母と父。そうして毎朝毎朝同じようにキッチンに駆けつけてはわたしはろう者じゃないの、聞こえるの、もううんざり、あんたたちいつも朝から騒いで、わたしは眠りたいの！　と説明してみたが、その度に彼らは驚きと、あなた耳が聞こえるなんて可哀そうにという憐れみの混じった表情でわたしを見つめるのだった。

けれど家中のドアは鳴りやまない。

昼食のときも同じだった。父は肉にかじりついて、それをみんなに見せびらかす。ロースト肉を一枚一枚大事そうに咀嚼する。舌が口蓋にペチャっと当たり、口はもちろん開いたまま、肉が噛み潰され、満足のため息が漏れ、またもう一口、舌と口蓋がベチャっと当たる。その終わらない合奏に食欲が失せる。それならば気をつけよう、音を立てないようにしようとするときの父はもっとひどかった。彼はなんとか踏ん張る、すると喉の深奥にある別の世界から聞いたことのない音が飛び出すのだ。わたしは吐き気を催した。

しかしわたしを完全に打ちのめしたのはスープだった。スープのせいで強制的に、食事の最中にブールキエス［フランスで一般的な耳栓］をつける羽目になった。ワックス製の小さな球体を耳道にねじ込み、鼓膜が破裂しそうになる。スープを冷まそうと父がふうふう息を吹きかけ、スプーンに移して啜《すす》り、口のなかで舌を動かし、飲み込んで、しまいにはいつもの幸福そうなため息を漏らす。そのあいだのぬちゃぬちゃした音に気が狂いそうになる。もちろん、彼の口から出る音だけでこんなにも大音量なのだとどれだけ説明しようとしたところで無駄だし、わたしが一日に二度、食事の時間にどれだけ過酷な拷問に耐えているかなど知る由もない。当たり前だ。彼にはなにも響かない。父が浮かべた驚きの表情はわたしの記憶にしかと刻まれ永劫消えることはない。どうせ思春期だから俺のことはなにもかも気に食わないんだろう、父はそう思ってる。

「俺、うるさい？　ありえない」

「いいから口を閉じてよ、パパ……お願いだから！」

父は口を閉じた。三十秒の小休止、そして再開。彼にはどうすることもできない、自分で気づいていないのだから。それから三十年経った今では、わたしはもう慣れた。けれど今はむしろわたしの子どもたちが躍起になっている。日曜日、たまにわたしの父と一緒に昼食に出かけることがあると、子どもたちはいきり立ってこう言う。「ママ、おじいちゃんがうるさい！」

騒音問題についてはアレクシも大変そうだった。母親が、ご親切に土曜の朝八時から掃除機をかけたりした日にはとくに……。けれど彼はすぐさま対処法を見出した。颯爽と起き上がり、掃除機のコンセントを抜き、それから二分間、母親がカーペットの上で必死に足掻くのを眺める。唇に笑みを浮かべ、彼は再び眠りに就く。家は散らかったままだけれど、その代わりにアレクシは寝坊することができた。

ろう者、唖者のことをまとめて「口がきけない」と表現する。とんだ思い違いだ。ろう者は喋る。声を持っている。抑制も利かなければタイミングも合わないが、声はたしかに存在する。そしてそれはひどいものだ。しゃがれ声、金切り声、キーンと鋭かったり低く重かったり、あるいはそのどちらもだったり、声音によっても変わる。その声は掠れ、ブツブツと切れ、ばらばらになってあらぬ方向へ飛んでいく。話し始めたときにはささやき声のようだったのが、話し終わる頃には叫び声のようになっていたりする。逆もまた然り。そんな滑稽な声を向けられれば、誰だって恥ずかしさにやられてしまうというもの。

•

母、スーパーにて。精肉売り場で夕食用の豚ロースに集中するあまり、わたしが別のコーナーに移動して魚のフライを見ていることに気づかなかった。わたしを探す母。忽然といちばん広い通路のど真ん中で仁王立ちし、腰に手を当て、ガサガサの声を力いっぱい振り絞ってわたしの名前を叫ぶ。再現するならば「ヴェトオォニィィィット!!!!」のような具合。

周りの群衆は後ずさり、恐怖で固まる。フリーズした画面さながら。母はかのモーゼよろしく声だけの力でもって人波を割ったのであった。ものの一秒で通路から人を捌けさせてしまった。わたしには到底受け入れがたい光景。恥ずかしさのあまり背を向ける。そこから逃げ去る以外になかった。世界の端っこまで、とは言わずともだいたいそのくらい、お店の端っこまで。

ろう者は「口がきけない」なんてことはない。本当に喋らなかったらどれだけよかったか、そう思うこともたまにはあった。

「クリスマスクイズ大会」は我が家の恒例行事だ。

毎年この時期になると、アレクシ、エヴ、ヴァレリーとわたしはこの残酷なゲームに熱を上げる。それぞれの親が発したぐちゃぐちゃの単語がなにかを当て合うのだ。

アレクシは彼の母の声を借りて、誰に向けるともなく一問目を出題する。「さくーとん！」

これはけっこう簡単にわかる。

答えるのはいつも決まってエヴだ。「さくーとんはサンドイッチでしょ、当然よ」

「きよとぅーで？」

「気をつけて！」

「すーくーすーく？」

「クスクス！」

「おら、ぴたん？」

「ビンタするぞ！」

「ぶがっぐ？」

「むかつく！」

「くーくーら？」

「コカ・コーラ！」

「りえなー？」

「ありえない！」

紛らわしいのもある。

「はくしょん？」

またしてもエヴ。「はくしょんはファッションでしょ、もちろん！」

二〇一三年大会の収穫のなかでもとくに出来がよかったのは――

「あいほんごー」と「へこーき」

iPhone4と飛行機。

お見事！

おじのギイはしょっちゅう音を立てている。ごろごろと唸っている。気管支から上ってきた空気が扁桃腺の狭間で詰まるようなゼイゼイいう声。音量はというとそれほどではないが、ひとときも途切れることがない。一歩足を前に踏み出したとき、立ち上がったとき、腰かけたとき、なにをするにも……唸り声を上げる。

ギイが十七歳の頃、パントマイム俳優マルセル・マルソーの弟子と一緒に演技のレッスンを受けた。そしてそれが大変気に入った。パントマイムの技術は彼の観察と模倣の才に磨きをかけた。年の終わり、ショーが行われた。わたしの祖父は誇らしさのあまり鼻息を荒くして、息子の応援と喝采に駆けつけた。

幕が開く。パントマイム師マルソーは真っ白な衣装に身を包み、スポットライトを浴びながら前進する。完全な沈黙。美しい所作。見えない壁に手を置いて、それを避けようとするが、失敗に終わる。そしてギイが入場する。忍び足で近づき、花を一輪摘み、それを共演者に渡す。おじは素晴らしかった。詩を体現していた。完璧だった。たった一点を除いて。彼は自分の出す音が聞こえない。でも観客には聞こえていた。嗚呼。

祖父は頭を抱え、その場で縮こまっていた。穴があったら入りたい。彼の息子は舞台に立ち、見事な集中力で演じてみせていた……ごろごろ唸りながら。会場全体が音もなくどよめいている。観客は羞恥心と笑いを堪える気持ちとで板挟みになっていた。そんななかギイは、呑気《のんき》に演技を続けながら、幸福感に唸っているのだった。

わたしのおば、つまりギイの妻はというと、口を閉じるなりすぐ、ということはほぼ四六時中、舌を口蓋に当てながら「チクタク」鳴らしている。その音量たるやパリ北駅の大時計をも凌ぐほどだ。

彼らの体から鳴る音がどれだけ大きいか、できるものなら誰か、ろう者に説明してあげてほしい！

ろう者の感情は音に出る。

かくしておばは感動する度に「チクタク」するのだが、彼女はいつだって感動している。

おじは街で美女を見かけると、嬉しさのあまり唸り声を上げる。

父はどうかというと、奇妙な、形容しがたい音を出す。そのせいで彼はアレクシに「チューバッカ」［『スター・ウォーズ』シリーズに登場するキャラクター］と呼ばれている。

一つ利点があるとすれば、彼らがなにかに反応したとき、すぐにそうとわかることだ。

「パパ、あの娘のお尻見るのやめなよ」

「違う。俺、なにも見てない」

うそつき。

「セックスのことなら自分のお母さんに訊きなよ。性に関してはろう者代表だからさ」、いとこのエヴはしょっちゅうわたしにこう言った。
たしかに彼女は間違ってない。

•

全四巻の『性生活百科事典』を買い与えてくれたのも母だ。当時わたしは七歳。どうやら娘にそれを贈るのは喫緊の課題だったようだ。真剣そのもの、という表情でわたしに向かって基本を押さえておかなきゃだめ、と説明した。若い時分、母にはそうした機会がなかった。なにも知らなかった。かつてセックスとはなにか、性とはなにかについて知るためには自分で試してみる以外なく、母はかなり早い時期にそうせざるを得なかった。彼女はわたしに基礎を教えるのがクラスの男子ではなく、本であることを望んだ。

それでわたしは母にこんな質問をしてみた。ろう者のリビドーって聴者よりも発達してるのかな？　それともうちが特別なだけ？

質問の意図がわからなかったらしい。

「あなた言いたいろう者へんたい？」

違うよ、ママ。

どうやってこの単語を説明したらいいんだろう？

類語辞典を引いてみる。「リビドー：性欲」

はぁ、簡単にはいかないな。

わたしはこんな風に翻訳してあげた。「性欲、多いと少ない。セックスしたい気持ち、強いと弱い。ある人は大きいリビドー、他の人は小さいリビドー」

母の顔がパッと晴れた。理解したようだ。

「あらら、ろう者、セックス欲すごく強い。ウィ！」

そうだよね、そうだと思ってた。

ろう者は自分の体のことをよく知っている。体は言葉、どんな欲求も表現できる。とてもはっきりと。

彼らはセックスを直感的に、動物的に、そしてなにより自然に捉えている。性的な話をすることもまったく厭《いと》わない。

こと性に関して、知的なものはなにもいらない。自分たちの使う身振りが、ジェスチャーが、それに付随する体の動きが、あらゆる想像を可能にする。彼らにとっては深部に宿る本能でも、わたしたちにとってはなかなかショッキングだ。

手話は、わたしの知るなかでもっとも生々しい言語だ。ろう者はシンプルかつ直接的に表現する。露骨に。

手話には美しく、詩的で、感動的な単語がたくさんある——たとえば「愛」とか、「シンボル」とか「ダンス」とか——でも性に関する語彙となると話は違う。

そこにはいかなる曖昧さも存在しない。言葉はほのめかし、身振りはひけらかす。

その生々しさは聴者と衝突する。だってろう者にとってはなんてことのないこうした動作は、わたしたち聴者があえてこっそり下品なふるまいをしたいときに使うものと同じだから。文化の違いだ。

•

母はわたしに向かって、自分のセックスについて包み隠さず話したがる。婦人科医か、さもなくば外科医かと見紛うほどの詳細を交えて。わたしにとっては聞くに堪えない。これでも彼女の娘だ。

夢のなかでの性行為の話をしてきたかと思えば、今度はアソコが痛いほど締まって今すぐセックスしたくてしかたがないだのなんだの……これがうちの母だ。曖昧さを排した手の動きや卑猥なジェスチャー、口から漏れ出すぴちゃぴちゃ音にわたしは声を失い、驚きと恥ずかしさで固まってしまう。

「ねえママやめてよ、一応あなたの娘なんだけど……」と詳細に立ち入るのを阻もうとすると、母はこう答える。「あらまあ、大丈夫。セックス人生同じ！」

そしてニカっと笑う。

とどのつまり、彼女の言う通り。たしかにセックスはすなわち人生だ。

母が性の話をするときは決まって、聴者には卑猥に響く単語を使う。

「わたし、やらしい」

「わたし、スケベ」

ただただセックスをするのが好きだと言いたいだけなのに。

十五歳のわたしを婦人科医のところに連れていってピルを押しつけてきたのも母だ。「なにがあるかわからないから」と彼女は言う。

当時、セックスはまったくもってわたしの関心の中心ではなかったが、母は意に介さなかった。ちょっとでもリスクに晒されるなどもってのほか。娘の方から相談してくることはないだろうとわかってか、彼女は先手を打った。我が母ながらやり手だ。十代で母親と性の話をする子どもはそう多くないし、加えてわたしの場合、手話の問題があった。あまりにイメージ豊かなので、特定の話題に関してわたしは母の前では絶対に手話を使わなかった。
結果、彼女に従うことに。
三年間。なんの役にも立たないピルを飲み続けた。

「ちんこほしい？」

ポワチエにあるホテルで開かれた会合の折、エヴは不運にも、少し気になった若いろう者男性のチャックに一瞬視線を送ってしまった。それを見逃さなかった若者はすかさず問うた。

「ちんこほしい？」

エヴはもじもじして答える間もなく、一方の彼は満面の笑みで続けた。

「恥ずかしくない。よし、セックス」

単刀直入に言うと、彼女の手を取り、寝室に連れ込んだ。

快楽の渦に、エヴはかつてないほどの解放感に浸った。無言のまま官能的で原始的な体の重なり合いに陶酔し、頭から足の先まで唇を這わせる。言葉も、対話も、サインもいらない。セックスのためのセックス。純粋で激しく、獣のように美味。

その夜、エヴはろう者になった。

翌日、エヴは興奮さめやらぬまま、ホテルの会議室で夕べの男と再会した。彼は友人たちに、どんな夜を過ごしたか、手話とジェスチャーを惜しみなく使ってつぶさに語っているところだった。彼にとっては自然なこと。エヴへの敬意を表明する彼なりのやり方だった。

エヴは他の男たちとも同じことをやった。毎回、最高だったようだ。

わたしは一度もろう者とセックスをしたことがない。

どうしてかって？　わからない。たぶん、うるさいのがいやだから。

•

沈黙。生まれたときから押しつけられ、必然的に手懐けられ、否応なしに受け入れられたそれは、ついにわたし自身の均衡を保つために不可欠なものとなった。古い習慣、あるいは旧友のようなもの。家族の一員。沈黙はわたしを励まし、安心させ、落ち着かせてくれる。

外に出てあまりに騒がしかったり、がやがやと話し声が聞こえたりすると、わたしはそれを召喚する。そして沈黙がやってくる。すべてに耳を閉ざすこと、わたしにとってかくもたやすいこと。数秒経てば、自分の泡のなかにいる。なにも聞こえなくなる。世界が崩れ落ちたとて、きっと気づきもしない。そして誰かに邪魔されようものなら、わたしは平気で牙を剝く。耐えがたいのは、たとえばレストランで鳴っている音楽。もっとひどいのは友人宅でのディナーの際、客人同士の会話につき合うだけでも大変なのに、それに加えてホストが最近自分で作ったプレイリストを食事のあいだずっとかけっぱなしにしているとき。そうなるともう、頭がおかしくなってしまう。時間をかけて、わたしは自分をコントロールできるようになった。可能なら、音楽を止めてもらうよう頼む。めんどくさい女だ。でもそんなことは慣れた。機嫌がいいときは、わたしの方から立ち去る。機嫌が悪いとき、わたしはレインマンになる。誰の話も聞かない、誰にも話しかけない。地上でもっとも感じの悪い女になり果てる。だからどうということもない。

ついこのあいだ、禁煙のために催眠療法を受けに行った。横になったわたしに術師が話しかける。何度も、何度も、わたしを半睡状態に導くため。催眠術の基本だ。我慢ならず、気づいたらこう言い放っていた。「黙れ！　とは言いませんよ、わたしは行儀がよいので。でも少しお黙りいただけませんか？　五分でかまいませんので……よろしくどうぞ……」

沈黙。

「若者の性愛」がテーマの講演から母が帰ってきた。わたしの前に慌てて現れるやいなや、あなたに伝えておかなきゃならないことがあるの、と言った。

「ヴェロニク、気をつけて。とても、とても重大。しないセックス浮気男と。絶対コンドーム！　わたし行ったシダの講演。たいへん病気セックスのせい。あなた大事、とても気をつけて」

信じられなかった。それはわたしたち聴者が少なくとも二年前から知っている情報で、母はたった今それを知ったのだ。

わたしは泣きそうだった。

お父さん、どうしたの！　ピアノを買ってくれた。彼にとってまったくなににもならない代物。利他の精神の塊みたいなプレゼント……父の愛情の証だ。

わたしが鍵盤を弾くと母はいつも近くにやってきて、その振動を感じようとピアノの上に手を置いた。ピアノの練習をする子どもがじゃんじゃん鳴らし続ける音がどれだけ聴くに堪えないものか、誰だってよく知っている。でも彼女はそれが好きで、何分でもじっとそこに手を置いていた。母は言った。「わたし、一つつらいこと耳聞こえない、わたし知らない音楽なに。悔しい」。音楽は唯一、聞こえなくて残念だと母が感じるものだった。人々の話し声、風が葉を揺らす音、地面を打つ雨音、そんなものはどれもこれも存在しないも同然。彼女は知らない。知りたいとも思わない。興味ない。

色と音楽だったら、わたしは色を選ぶ。両親も同じ。もし目が見えなかったら耐えられない。

二人はよくそう言っていて、二人が言うならそうなんだろうとわたしも思った。

電気が点き、チカチカ激しく点滅している。

両親の提案で玄関に電球を設置したのだけれど、それが家中の、ありとあらゆる音の鳴るものに接続されていた。ただ、取りつけたのは一つだけで、玄関ドアが開いてもインターホンが鳴っても、電話がかかってきても同じ電球が光った。当然のように大混乱。父が玄関ドアを軽く開け、同時にエントランスのドアを開けるためにインターホンのボタンを押すと、その横で母は飛びつくように電話に出て、ミニテル〔インターネット以前フランスで普及していた電子通信システム〕に接続する……。薄青い明かりのなかで舞うへんてこなバレエ。玄関はディスコと化した。

わたしは大笑いしていた。とくに二人を手伝うわけでもなく。

十四歳から十八歳になるまでのあいだ、両親とは戦争だった。二人とも大嫌い。なにもわかってくれない。なにも話すこともない。あるとすればお金を無心するくらい。奥ゆかしさもへったくれもない。わたしは一人っ子で、両親には飽き飽きしていた。とにかくつまらなかった。あんなに独特だったわたしたちの会話も、途切れてしまった。

普通の親のもとに生まれたかった。きっと前世でわたしはよほどのまぬけ女で、その罰としてこんな報いを受けているのだろう。それに両親を許せない自分が許せなかった。

もちろん、障害者だからって親を責めたりするのはお門違いだ。彼らが悪いわけじゃないこともよくわかっていた。でも、憎いものは憎い。もし二人がろう者じゃなかったら、きっともっとたくさんの議論を交わせただろう。世界のこと、政治や倫理の話、ショーペンハウアー、ニーチェ、トルストイにドストエフスキー、モーツァルトやバッハについてだって……。

日々のちょっとした苦労を話したりもしてみたかった。それでアドバイスをしてもらったり、進むべき道を示してほしかった。母にさくっと電話して、やっと仕事見つけたよーとか、誰それと別れたとか、そんなわたしをなぐさめるためにポテトパイでも作って待っててとか言ってみたかった。

普通の親がいて、声で意思の疎通ができる友だちが羨ましかった。

口で話せて、わたしに話してくれて、声が聞こえて、わたしの話を聞いてくれる親がほしかった。きっと他の家はうちより恵まれているんだろうと思っていた。もちろん、それは間違いだ。普通の家族なんてない。他の家庭に生まれていたら誰彼かまわず憎いと思うような子どもに育っていたかもしれないし、アル中一家、隠し事だらけの家、パパが娘と触り合いっこに興じる家、外見のことしか頭にない家に生まれなかった保証もない。どれも家族。同じ家族!

両親に情状酌量の余地あり、と思えるようになったのは実家を出たあとのことだった。家でわたしに話しかけないようにしていたのはいい判断だった。英断と言ってもいいかもしれない。

ろう者との生活は苦労ばかりだ。けれどむしろ、わたしは自分が幸運だったと思わないといけない。うちはそれほどひどい親じゃなかったし、わたしのことをほとんど頼らなかった。自分たちだけでなんとかした。他のところと違って。

たとえばおじのギイは、自分の知能が聴者のそれより優れていると信じて疑わない。俺は障害者ではない。真逆だ。ろう者だから、特別なのだ。俺がおまえらの世界に合わせるのではない、おまえらが適応するんだ。という具合になかなか鬱陶しい。「ろう者の方が知的、ろう者もっと観察力、ろう者の方がもっと、もっと……」。もはやわけがわからない。買い物に行っても自分からはいかなる努力もしない。店側が彼の要求を理解しないといけない。通訳代わりの子どもたちがいないとなれば、何時間とかかることもある。俺の言っていることが理解不能なのではなく、店側がバカなだけ。それだけの話。

　おじの出過ぎたところをなんとか許容できたのは、彼が生粋の詩人だったからだ。いつだって自分の世界のなかにいる人だった。彼の描く絵は奇抜そのもの、ダリもびっくりの逸品だ。

　うっとりするような夢想家。ときに危なっかしいくらい。アレクシが三歳の頃。水際からも父親からも一メートル離れたところで遊んでいた。ギイは空を眺めながら思索に耽っている。アレクシが叫び、腕をばたつかせるも、ギイは雲に見惚れてなにも見えていなかった。アレクシが今にも溺れ死にそうなことに気づいていなかった。

　復讐の時を告げる鐘が鳴った。アレクシを車で学校に送るのがギイの日課だった。カーラジオからはドクター・ドレー［アメリカのヒップホップ・ミュージシャン］がガンガン流れている。中学に着くと、ギイはエンジンを切り、音楽は止まった。アレクシはちょっとした悪戯心で、ボリュームを最大にまで上げてから車を降りる。ギイはエンジンをかけ直し……音楽がまた鳴り出す。数メートル進むと警察に止められ、音量を下げるよう命じられた。事由は公道における騒音。ギイはなんのことだかわからない。怒り出し、自分の耳を軽く叩きながら大きく体を動かす。「俺、ろう者、俺ろう者、音楽ない！」警察はそれ以上食い下がらなかった。こういう場合、彼らは無駄な労力を費やしたりしない。

夜が来て、父親から今日の事件の話を聞くと、アレクシはほくそ笑んだ。

•

おじの友人のパトリックは、ＲＥＲを利用してマッシー＝パレゾーにある自宅に帰る。その日は五歳の娘と一緒だった。

電光掲示板を見遣り、自分の降りる駅に電車が停まることを念入りに確認してから、パトリックは乗車した。スピーカーからアナウンス。線路のトラブルが発生したため、この電車はマッシー駅には停まりません。

もちろん、パトリックには聞こえていない。

自分の駅に近づいているのに電車が減速しないことに気づくと、彼は思いきり非常ボタンを押した。急停車。殺気立ち、頭に血が上った乗客たちが騒ぎ出す。パトリックは落ち着き払ってホームを指差す。「わたしろう者、わたし降りること」。

幼い娘は恥ずかしくて死にそうだった。アナウンスが聞こえなかったんだろうか？　通訳してあげることはできなかったんだろうか？

運転手がその場にやってきた。この車両でなにがあったんですか？　一体どうしたんですか？

パトリックは平然と主張を続ける。「わたしろう者、わたし降りるここ」。

運転手は折れ、パトリックは堂々と下車するのであった。

•

両親とテレビを観るのが好きじゃない。ニュース番組の通訳をしてと頼まれるので、わたしはなんとか応じる。そのうちやってられなくなる。しかたなく、司会者の言っていることがわからなかったと言ってごまかす。

映画になるともっと耐えられない。五分ごとに注文が降ってくる。「彼言うなに？」「それで彼女、彼女言うなに？」

わたしは二人に対しまったくもって寛大な心というのを持ち合わせていない。同情する気持ちもない。たちまちうんざりしてしまう。宿題なんかを言い訳に、自分の部屋にさっと逃げ込む。勝手にやってよ！

アレクシのやり方は違った。自分の親にあることないこと話しては面白がった。両親の方はというと、そんなアレクシの話を大真面目に傾聴した。

「ブルターニュで核爆発が起こったんだって」

「新法成立。本日から、ろう者は聴者と同じように音を聴くため、補聴器を装着することが義務づけられます」。ギイは勢いよく立ち上がり、車に乗って蜂起に出かける。

「ナポレオンによって書かれた古い手記が見つかった。それによると自らの死後、コルシカ島はろう者たちに託すとのこと」。ギイは即座に、次のヴァカンスはコルシカに行くぞと豪語した。

もうお母さんに車は貸さない。音が聞こえないからって何度も無理にギアチェンジをするものだから、クラッチが完全にいかれてしまった。

うちの家族では母が運転を担当する。けれどそんなことは父にとってはどうでもよく、自分は免許など持っていないくせに、ああしろこうしろと熱心に母に説教したがる。

車がバックする。発進が間に合わず赤信号に捕まった。父がイライラして母の腕を叩く。すると母は慌ててエンジンを切る。なにしてるんだと激昂した父が両手を宙に上げ、膝を叩いてため息を吐く。「りえなー、りえなー」。母も完全にキレて、ハンドルを放し、父の方に向かって両手をぶんぶんと動かす。上から下へ、二人のあいだに壁を建てるようにして、やめてよ、気に入らないって言うんならあんたが自分で免許取ればいいじゃない、と力強く訴えた。

二人が斬り合っているあいだ、道路を見ていたのはただ一人、当時六歳のわたしだけだった。

「やめて！　事故に遭いたいわけ？」

今はわたしが運転している。助手席に座った母が話しかけてくる。高速道路を走っているところだ。母がわたしの肩を叩く。なにか言いたいようだ。道路に視線を固定するか、彼女を見遣るかの二択。わたしは道路を選んだ。すると母は、わたしの顔とフロントガラスのあいだに割って入るように両手を動かす。我慢ならず、その手を振り払い、ハンドルから自分の手を放すと、わたしはもうひとつの見えないハンドルを掴んだ。そして握った拳を上下に往復させ、今ね、運転してるところなの、と母に説明してあげた。わからないといけないから。

「ごめんね、わかった」

三十秒後、再び喋り出す母。

わたしは折れて、というより呆れ果てて、片方の手で話し、もう片方の手で運転し始めた。こうして、片目で運転し、片目で母の話を聴くという習慣ができた。

電話にしたって話は同じだ。両親とわたしは、一切話すことなく、それでいてお互い気まずくなることなく何時間でも一緒に過ごせるという才能を持っていた。にもかかわらず、母は毎回わたしが電話をしているときに限って話しかけてこずにはいられなくなるのだ。突然、話すことが出てくる。ほとんど反射的に。

わたしが電話に出て応答すると、そこに母がやってきて去年の夏のヴァカンスの思い出なんかを話し始める。閉口して、彼女に視線を向ける。

「えーと、ママ、あのね今わたし電話中」

「ええ、ええ」

三十秒の小休止。

「それであなた、明日するなに?」

「わたし電話」

「ええ、ええ、でもあなた思うなに……？」

不意に、巨大な孤独感に苛《さいな》まれる。

こんなやり取りもぜんぶ、沈黙のなか行われる。通話相手もまさか電話の向こう側で喧嘩が勃発しているなんて夢にも思わないだろう。そのうちわたしの我慢の限界が来て、両方の言語で叫んだ。

「うるさい、黙って。わたし電話。わからない？　ほんと最悪！」

わからない、母にはわからない。悲痛な、刺すような視線をこちらに向けて彼女は言った。「あなたいつも電話。わたし見るあなた。あなた話す友だちと。あなたろう者興味ない……」

わたしの怒りは崩れ去り、罪悪感が頭をもたげた。

通話相手がわたしに大丈夫かと尋ねた。

「うん、大丈夫。お母さんがね。耳が聞こえないの。電話中に話しかけてくるんだよね。やってらんない。待って、違う部屋に移るね」

わたしは意地悪だ。

最近、母になんでそんなことをしたのか訊いてみた。なんでわざわざ、毎回わたしが電話しているときに話しかけてきたのか。

一体なにがおかしいの、とでも言いたげに彼女は答えた。

「二つ同時できないの?」

「ただいま、くそジジイ!」

家に帰ると、わたしはこうやって親に挨拶する。

一人じゃない。友人たちも一緒だ。うちの両親は耳が聞こえないんだと彼らに言っても全然信じてもらえない。わたしの言っていることは本当だと証明してあげよう。

「ただいま、くそババア!」……すると母がやってきて、優しくわたしにキスをするのだった。

お父さんはいつもわたしに疑り深い視線を向けている。一体どうしたというのか。

•

わたしは友だちと長電話に興じる。コードレス電話もまだない頃、リビングに腰かけて、父上から五十センチの至近距離で通話をしていた。目の端でわたしを睨《にら》んでくる。いつも。電話で自分の話をしている、自分のことをバカにしているとでも思っているようだ。父はわたしの唇を読もうと試みながらこう訊いてくる。

「おまえ言うなに？　おまえ話す俺のこと？」

やってやろうじゃない。お望み通りにしてあげようと、わたしは父にまつわるとびきり気持ち悪くて下品な話を友だちにばらした。父権に背いている感じがしてワクワクした。家のなかに溢れんばかりのわたしの話し声を制御する人もいないので、思う存分言ってやった。それに友だちもみんな笑ってくれた。彼女たちはわたしと電話をするのが好きだった。わたしはなんでも話せた。お父さんを虚《こ》仮《け》にすることだってできた。うちもそんな風にパパのことバカにしてやれたらいいのになあ、と彼女たちは言った。

家に彼氏を連れてくるといつも、母は顔合わせの時間をぶち壊しにしてくれた。彼氏が立っているその真後ろから、わたしに感想を伝えずにはいられないのだ。母は思うままに質問を投げかけてくる。彼についてどう思うかを大声で言ってくる。

わたしは二つの会話を並行して追った。彼氏との会話と、その背後で、母との会話。

「彼かっこいい」「彼ブサイク」「彼やさしい」「彼だらしない」「彼セックス上手？」などなど……。

意地悪でやっているわけじゃない。ただわたしとのあいだに共犯関係を築きたいだけ。

でも、ある日わたしは我慢ならず母を外につまみ出した。
以来もうそれはやらなくなった。

●

楽しいことも数知れずあった。

深夜二時、いとこたちとベッドの上で飛び跳ねる。おじには第六感があった。隣の部屋でバカ騒ぎが始まると、それを嗅ぎつけた。たしかめようと起き上がる。足音を立てないようにそろそろ歩いて部屋に近づくと、わたしたちの悪ふざけ現場を取り押さえようとした。でもまあ、ギイのことだから……。いつもの唸り声が響く。近づいてきているのは百メートル以上離れていてもわかったし、彼が寝室を移動しているあいだ、わたしたちはのんびりベッドのなかに潜り込み、寝ているふりをする余裕さえあった。

ある日の夜、音楽を大音量でかけていたので、歩いてくる音が聞こえなかった。

おじが突然現れる。エヴとわたしは部屋の真ん中で踊っているところだった。エヴの妹のヴァレリーはマニキュアを塗って猫の爪みたいにしていた。なんてことのない日常。怒り出すギイ。お仕置きだ。二日間テレビもお菓子もなし。だけどお菓子にかけては、そしてなにより遊びにかけては、わたしたちはいくらでも機転が利く。甘いものが台所にあるのは知っている。そこに到達するにはリビングを突っ切っていかなければならないが、そこではおじが鷹のような目で厳戒態勢を敷いていた。連携が必要だ。まずはわたしが電話を鳴らすから、そしたらライトの点滅に動揺しているおじの隙を突いてヴァレリーが台所に滑り込み、お菓子の袋をかっさらってエヴに向かって投げ、そのままエヴがそれを持って寝室まで走り去ってしまおう。作戦成功。「鷹の目」はカンカンだ。玄関先にも、ミニテルの向こう側にも誰もいない。わたしたちは天使のようなほほ笑みを浮かべ彼に同情してあげた。まったく育ちの悪いガキんちょがピンポンダッシュなんかして困るね、と。

わたしたちはだいたいなんでもやった。ひたすら親に迷惑をかけた。けど、いいように騙したりするのは簡単だから、あえてそうはしなかった。リミットがあった。わたしたちがわたしたち自身に設けたリミット。それに、しゃれにならないようなこと（お酒とか麻薬とか、十代の子を持つ親にひどく心配をかけるような行き過ぎた真似）はしっかり避けた。

我々の住む世界はそれぞれ対極にあるのだ、と親はあまりによくわかっていた一方で、それをどう扱っていいかはわからなかったから、結局のところわたしたちの好きにさせてくれた。ありあまる自由。わたしはそれを、わたしたちの親の「障害の功名」と呼んでいた。

そんなわけでエヴは、夜、親が寝入った頃に友だちを家に呼び込むようになった。友人各位は間違ってもチャイムを鳴らさないこと。玄関のランプが点いてしまうから。軽くノックしてくれればいい。ちゃちゃっと寝室に転がり込む。はしゃいで、喋って、抱き合って、音楽をかけて夜更けまで。それから、親が起きぬうちにひっそりと出ていく。

その夜は遊ぶのに夢中になって、ギイが夜な夜な小便のために起きることをエヴは忘れていた。最悪のタイミング。異世代の邂逅。素っ裸のギイが娘の友人たちと鉢合わせる。

一方は怒り、他方大勢は恥じらいながらも爆笑し、わたしのいとこは狼狽《うろた》える。こんなことは二度とあってはならない、と、おじは早速次の日から犬を飼い始めた。かわいいプードル、名前はミミ。

ミミは毎夜、おばのリディのお腹の上で寝た。エヴや他の誰かが起きようものなら、家のなかで騒音が響こうものなら、ミミはごろごろ唸って起き上がる。するとおばが目を覚ます。

悪ふざけもおしまい……まあ、当面は。

エヴはなかなか根性がある。深夜。バルコニーに忍び込んで煙草を吸っていた。ギイも起きてきた。月の最初の土曜日で、カナル・プリュス［フランスの有料民間テレビ局］では気の利いた映画がやっている。バルコニーに通じる窓が開いていて、ちょっと寒い。

ギイが窓を閉める。エヴは外に閉め出されてしまった。窓ガラス越しにさんざん手を動かし叫ぶも、彼には見えていない。ギイは優雅にソファに腰かけ映画の続きを観ていた。だからエヴも映画を観た。一時間半ものあいだ。映画が終わった。ギイが寝室に向かおうとしたとき、なにが見えたかって？　バルコニーで娘が飛び跳ね、腕を振り回している。床は吸い殻だらけ。ギイは腹を立てる。けれど娘が床を焦がしたのは、映画を辛抱するためだ。煙草については勘弁してやろう。お互いさまということで。

困った誤解が生じることもあった。

アレクシが六歳のとき、悪夢にうなされ起きてしまった。まだ寝ぼけていた彼は家にいるのは自分一人だと思い込み、バルコニーに出て、誰でもいいから助けてくれと大声で叫んだ。怖かった。家にぼくしかいない。消防士が十二人、アレクシの叫び声で目が覚めた近隣住民の通報で駆けつけ、アパートに押し入ると、ドアというドアをこじ開け親二人の寝室に突入した。そこではおじとおばが、一糸纏わぬ姿で大口を開けいびきをかいていた。

うちの親、本当に耳が聞こえないのかな？　変な話、わたしたちは折に触れこんな疑問に突き当たった。

たしかめる方法は一つしかない。テストしてみるのだ。おばのリディはわたしたちにとって格好の実験台だった。

ヴァレリーはちょうど最近、クリスマスプレゼントにヘッドホンを買ってもらった。リディは眼鏡を鼻にひっかけて寝こけている。忍び足で近寄り、起こさないようにそっと、彼女の耳にヘッドホンをかけた。みんないるんだし、やるなら徹底的にやろう。わたしたちはリディの眼鏡にシェービングクリームを塗りたくった。アレクシがヘッドホンをアンプに繋ぐ。ヘヴィーメタルを爆音でかける。しばし待機。反応なし。信じられない！

実験結果は異論の余地なしだった。そろそろおばを起こしてあげよう。

肩をトントンと叩く。リディはびくっとして目を開ける。なにも見えない。視界が真っ白。

してやったり！

数秒間、彼女は耳が聞こえないだけでなく目まで見えなくなったと錯覚した。

・

テクノロジー万歳。

八〇年代のろう者たちにとって、ミニテルは本物の革命だったはずだ。今日の携帯やショートメッセージ、字幕つきのテレビ、インターネット、スカイプやSNSがそうであるように。

ろう者の時代がやってきた。ろう者は、そうでない人たちと以前よりもわかり合えるだろう。

コミュニケーションを取れるようになる。

もうそれまでみたいになんでも周囲に依存しなくていい。より自立した存在になれる。

たしかに便利になった。けれど、わたしと両親とのあいだの意思疎通においては問題は一つも解決しなかった。

母の話し方にわたしがどれだけ慣れていようとも、彼女から送られてくるメッセージの意味が毎回わかるわけではなかった。

「そうカフェ行けなくてなぜ忙しい出る前びっくりお客さん」明快極まりない一文。

「フランソワーズがもう何回わたしにスカイプわからない。そのために」そのために、なに？　もういいや。


一方で、母が書いてきた文章を他人が理解しないとなると、わたしは極端に不寛容になる。

携帯がブーっと鳴った。

「ろう者カフェおいで、びっくりしたわろう者新しいそれではやく来てまたね」

友だちのアンヌと一緒だった。なんとはなしにそのショートメッセージを見せてみた。

「うわーなんもわからない……」

「その辺で脳みそ買ってきなよ、そしたらわかるんじゃない」

アンヌは唖然としていた。わたしだって母の言いたかったことなんてなにもわからなかったのに、ずいぶんとひどいことを言ってしまった。

友だちを親に紹介して、動揺した友だちがわたしの方を振り向いて「ヴェロ、おまえの父ちゃんなんて言ってんの？」と訊いてくるときも、わたしは気が狂いそうになる。

「こんにちはって言ってるだけだよ」

「いや、だって……なにもわからなかったからさ」

「あんたの手握ってこんにちは《BONJOUR》って口で言っただけ！　別にシアンスポ［パリ政治学院。多数の政治家を輩出するエリート校］出てなくったってそのくらいわかるでしょ！」

反対に、最低限の努力を辞さず、取り乱すことなく母の「こんにちは」を理解しようと励んでくれる者は、無条件にわたしの寵愛を獲得し、以降、わたしが不滅の友情を誓う人間トップ5に名を連ねることができた。

「あなた来る。わたし病気。もし無理、娘に電話、エヴ。06 23……」

初めてこのファックスが送られてきたとき、医者は途方に暮れた。ゴミ箱に放り投げてしまおうかと思ったが、医師としてのプロ意識から、念のため指示されていた番号に電話をかけた。

「もしもし、こんにちは。今しがたファックスを受け取ったのですが。家に来いとのことで。いささか不躾ではないかと思いまして。ご説明いただけますか?」

エヴは辛抱強く母親がろう者であること、普段からコミュニケーションのためにファックスを使うことを伝えた。たぶん彼女は具合が悪くて、あなたに診察に来てほしい、と書きたかったんじゃないでしょうか。彼女なりのやり方で。けっこうわかりやすいと思うのだけど?

・

「止まない雨はない」

手話で表すならこう――

「晴れ。前に雨終わる、今は晴れ」

母が理解したことは――雨が降って、そのあと晴れた。

「そうなんだけど、お母さん。どういう意味だと思う？」

「知らない。意味ない。雨のあと晴れ。天気変わる」

参りました！

「口は嘘をつくが、引きつった口元は真実を語ってしまう」（ニーチェ）
手話で表すならこう――

「言うことは嘘をつくこと、でも口元はそうではない、違う」

母がこの一文を読んで理解したことは——わたしたちと同じ。ただ、三回読んだあとで。

「パン屋が閉まっていました。ビスコットを食べました」

母は二つのシチュエーションの因果関係がわからない。わたしが説明する——パン屋が閉まっていた。だからパンがなかった。パンがなかったので、その代わりにビスコットを食べた。

母の回答——「ええ、でもあなた言わなかった。今わかった」

両親の話す言語にはメタファーも、冠詞も、動詞の活用もない。副詞は少し。ことわざも格言もない。言葉遊びもない。言外の意味もなければ暗黙の了解もない。そもそも沈黙しているのだから、暗黙もなにもないでしょう?

みんな誤解している。ろう者の多くは、唇を読むなんていう特殊技能を持ってはいない。けれど小さい頃から否応なくそのゲームの練習をさせられているので、彼らがわたしたちよりも優れているのはたしかだ。

とはいえ、落ちこぼれもいる。

ヴァカンスでチュニジアに行ったときのこと。両親と一緒に入ったレストランにて。一人の男性がテーブルを回って、ラクダに乗るツアーの案内をしている。わたしたちの座るテーブルに来て、父に話しかける。

「ラクダ？　ラクダ？」

父は驚いてこっちを見る。

「ここイスラム。なんでブタ？」

違うよ、お父さん。「ブタ」じゃなくて「ラクダ」。

「ブタ（jambon）」「フタ（chapeau）」「ラクダ（chameau）」、たしかに同じ唇の動きだ。

「エスカロープ（escalope）」と「通訳（interprète）」も。

「ろうそく（bougie）」と「コマ（toupie）」も同じ。

めちゃくちゃだ。

一九七七年。二人のアメリカ人が先導するろう運動団体が発足したとの知らせが入った。なんだってフランスでは、八〇年代の夜明けを目前に、ろう者はなにもアクセスできないのだろう？　手話の学校を創らなければならない。ろう者のための劇団を立ち上げなければならない。この言語はもっと認知されなければならない。わたしの両親はプロジェクトに飛び乗った。父は工場労働者、母はキーパンチャーの職を手放し、自分たちの言語の「先生」になった。左翼が政権を握ると、時の文化大臣が彼らに、ヴァンセンヌ城の塔の一つに事務所を構えることをただ同然で許可した。

おじのギイもチームに加わった。彼はつい最近までアメリカ視察に行っていて、そこでろう者のための大学、ギャローデット大学を訪れていた。かの国では、ろう者は他の人たちと同じだけの可能性を有する。文学も、外国語も、心理学も、コミュニケーション論もジャーナリズムも、視覚芸術も学ぶことができる。フランスにはなにもない。なに一つ！　変わらなければ、変えなければ。おじの仕事だ。

まったく驚いたことに、ろう者たちは次々に声を上げ始めた。

彼らはデモを決行し、テレビニュースの内容を理解できるよう、画面上のワイプに通訳を配置するよう強く訴えた。字幕は当たり前のものとなった。地下鉄でもかつてのようにじろじろ見られることはなくなり、あのパン屋の店員も多少の努力をするようになった。こちらはステーキを注文しているのではなくパンがほしいのだと、ようやくわかったようだった。

わたしはずっと遠くから、彼らの挑戦を見守っていた。時折冷ややかな視線を向けたりしながら。けれど背伸びする父を見ていると、自分の内になにかが生まれてくるような気がした。わたしはまったく傲慢で、トゲトゲしていて、手に負えない小娘だったけれど、父と母といられて幸せだった。とても幸せだった。

小さな革命が起こりつつあることにそのときはまだ気づいていなかった。彼らの人生を変えることは、わたしの人生を変えることなのだと。

父は自分のやるべきことをまっとうした。

文化を、教育を、ろう者にアクセス可能なものにしないといけない。しかしそれ以上に、手話の、彼らの言語の存在を政府に認めてもらわないといけない。ろう文化という、独立した一つの文化の存在を。

やらなければならないことは多い。ろう者の大半は文字が読めないのだ。巨大な壁が立ちはだかった。なぜならろう者の権利を拡大するには、手話という言語を発展させ、フランス語の辞書には載っているが手話には対応概念がないような単語を新たに創造しなければならなかったからだ。まず発明すべき語は「コミュニケーション（communication）」だろう。それから「文化（culture）」。手話の辞書を世に出すんだ。そこに基本語も、新しい語彙も載せる。その団体はI

VT（International Visual Theatre）と名づけられ、ろう者たちのアカデミー・フランセーズ［十七世紀から存続するフランスの国立学術団体。国語としてのフランス語の保護、整備を目的とする］となった。会議に次ぐ会議。手話単語が存在しないとすれば、その意味を表すフランス語をろう者が知らないというだけのことだ。たとえば「心理学（psychologie）」、これはどういう意味だろう？　言語学者と通訳者の助けを借りて、父は新しい単語を次々に覚えていった。その意味を十分理解すると、彼は手話のモデルを提案し、数多の会議を経て残ったものは公式に手話単語となり、のちに出版される『フランス手話辞典』にイラストとともに掲載された。

　手話講座の方も盛況だった。耳の聞こえない子どもとなんとしてもコミュニケーションを取りたいと願う親たちが、少しでも元気をもらおうとやってくる。はたまた、自らのぎこちなさや内気な性格に気づいた役者たちが、なんとかしたい、自分の体と仲良くなりたいと望んでやってくる。彼らの授業を担当したのが父だった。初級レベルから、フルタイムで面倒を見る。みんな父のことが大好きだった。彼がどれだけ素晴らしく、優秀で、人間味と包容力があり、オープンで好奇心旺盛で親切かを、口を揃えてわたしに伝えた。こんなにいい先生には今まで出会ったことがない、と。わたしは懐疑的だった。そりゃもちろん信じたいけれど！　こんなにも、父の長所が見えていなかったんだろうか？　こんなにも、両親のことを知らなかったんだろうか？　彼らの障害を拒絶するあまり、その他の部分には見向きもせず鈍感を貫き通していたってていうの？

世間の盛り上がり様はというと、ろう者ブームが到来したんじゃないかと思えるほどだった。なにはともあれ、ろう者たちが姿を現した。時は来た！

両親にはムカつくことも、イライラすることもうんざりすることもあったけれど、どこにだってついていった。毎晩ヴァンセンヌ城の事務所に籠って、そこはわたしの居場所になった。少しずつ、彼らの世界はわたしの世界に、彼らの闘いはわたしの闘いになっていった。両親がこの革命を担っていることが誇らしかった。

わたしはだんだん彼らに自分を重ねていった。二人を尊敬し、二人がわたしの親なんだと胸を張って言えるようになった。果ては、一緒に演劇までやった。

•

ＩＶＴによる新しい演目は、ろう者と聴者、両方の観客を見込んでいた。だから通訳を担う役が必要だ。わたしに白羽の矢が立った。当時、弱冠二十歳。

それほど難しいことはないだろう。演じるのを求められていたのはわたしのよく知る役、毎日のようにやっていた役だったのだから。ようするに、ろう者の言葉の翻訳者。

だけど……うまくできなかった。声が出ない。わたしはどうにか平静を保とうとしたけれど、なにをやってもだめだった。かろうじて小声でささやく。緊張のあまり声を失ったみたいだった。

初演から二週間後、代役に選ばれたのは難聴者の女性だった。その声はゆがみ、途切れ途切れで聞くに堪えなかったが、わたしよりはるかに適役だった。

わたしには他の役が割り振られた。台詞はない。話さない役だ。
今度は異口同音に、わたしの演技を褒め讃えた。
人生最大の屈辱だった。

•

ニコラ・フィリベール監督によるドキュメンタリー映画『音のない世界で（*Le Pays des sourds*）』の撮影から父が帰ってきた。彼はメインキャストの一人だ。映画館での上映も決まっている。公開、大ヒット。知り合いがこぞって電話をかけてきた。映画、すごくよかったよ。たしかにその通りだった。けれど口々に伝えられたのは、父の発言に対する戸惑いだった。映画のなかで父はわたしに言及し、ろうの子どもの方がよかった、と言ったのだ。けれどわたしにはわかる。父を理解できる。だってわたしも同じように言うだろうから。わたしがろう者だったら、お父さんはもっと楽にわたしとコミュニケーションを取れただろう。わたしが進路で迷ったり仕事で悩んだりしたとき、助けてくれただろう。もっと伝えられたはず。背中を押せたはず。支えられたはず。「俺にもそんなことがあったからわかるよ」と言ってわたしの気持ちになれたはず。でも実際のわたしとは、できなかった。宿題を手伝うことも、人間関係のアドバイスをすることもできなかった。進むべき道を示せなかった。六年生の頃、わたしはすでに、学校で習うことなら父より十倍多くのことを知っていた。お父さんは必要なかった。

思春期、十五歳の頃、夏休みに一人でヒッチハイクの旅に出たいと言ったときも、父はわたしの好きにさせてくれた。「普通なんだろ。おまえ聴者。ろう者と違う。そういうもの。俺たち、ろう者、違う世界」と言って。

心配してくれてはいたけど、諦めていた。

寂しさ。それがわたしが彼の目に読み取ったものだった。深い悲しみ。無力感。だから、わかる。本当は自分と同じようなろうの子どもを持ちたかったであろうことが。

とっつきにくい態度とは裏腹に、父はとても感情的な人だ。映画の最後に犬が死んだりするといつも泣いている。けれど自分の気持ちをなかなか表に出せない。だからわたしは長らく、父は自分を愛してくれていないのだと思っていた。そしてお互いあまり話さなかったので、父もわたしに愛されていないのだと思っていた。よくあるすれ違いだ。

けれどお父さんはわたしを愛してくれている。わたしもお父さんを愛している。わたしに会うと必ず、父は自分の母親の話をする。最愛の人だ。そしていかにわたしが彼女に似ていて、いかに髪がそっくりかを語り聞かせてくれる。故郷のロレーヌを経由して、父はわたしに「愛してる」と言ってくれている。おばあちゃんのおかげで、わたしにはそれがわかる。

手話はわたしの知るなかでもっとも表現に富んだ言語だ。

ろう者が話すとき、体全体が躍動する。顔のすべてが物語る。手話で話しながら顔面の筋肉を一切動かさないというのは不可能だ。美醜は問わない。でも、整形したての人は残念ながらお断り。感情の度合い、気持ちの強さは顔の表情によってしか伝わらない。悲しい気持ちを伝えたいのだったら、口はたわみ、目は細めなければならない。反対に喜びを表現したければ、顔はパッと明るく、口角は上げ、目はきらきらと輝かせなければならない。聴者にとってはどうやらこれがいちばん難しい。顔をゆがめ、表情を崩し、体を動かす。もしあなたが誰かの話をしたいとして、その人のことをとても、どころかそれはもう心の底からブサイクだと思っているのであれば、「ブサイク」という手話単語自体は変わらないにせよ、その悲惨さを説明するためにわざわざ「とても」と十回も繰り返したりしなくていい。顔のゆがみ、つまりあなたの顔が模倣するおぞましさが程度の違いを生み、その人物がいかに醜いかを表現する。こうして、それを伝えようとするあなた自身がその瞬間、ぞっとするような醜さそのものとなる。大半の人はこんな風に表情をゆがめたがらない。

美しさにしたって同じ。顔には出せる限りの美しい表情を浮かべないといけない。もちろん、もしあなたがカジモド［ヴィクトル・ユゴーの小説『ノートルダム・ド・パリ』に登場する醜い男］そっくりなのだとしたら、いきなりマーロン・ブランド［二十世紀に活躍したアメリカの俳優］になれとは言わない。けれどどんな顔であれ、輝きを放つことはできるのだ。

手話に動詞の活用はない。時制もない。前も後も途中もあるけれど、過去形はないし、未来形も、現在形もない。

「太ってしまった。運動しに行った方がいいだろう」は手話では「わたし、太い。運動必要」。

「ヴァカンスに行く予定だ」は「今度わたし行くヴァカンス」。時間の概念は身体によって示される。未来の話なら、体はわずかに前のめりになる。過去では後ろに。ろう者によっていみじくも「時間の線」と呼び慣わされているものだ。

父の得意分野でもある。声を用いないコミュニケーションのいろは。手話を覚える前に体を動かせ。力を抜いて、自分の体を飼い慣らせ。バカになるのを恐れるな。顔をしわくちゃにしろ。いざとなったら寄り目もしろ。声に頼るなかれ、ただ喜びのなかで、自分を表現するんだ。

•

手話はエスペラントではない。

世界共通でもない。とはいえ……。

国を跨《また》いで、言語を跨いで、共通する基本単語も多い。

手話が大きく異なるとしても、ジェスチャーでなんとか事足りる。

顔の表情や体の使い方は世界中どこでも同じ。

「時間の線」、これも世界共通だ。

ろう者の語りに登場する人物はみな、空間のなかで厳密に位置づけられる。まるで舞台上の演出みたいに。極めて視覚的で、普遍的だ。


わたしの父でもおじでもいいから、試しに日本のどこかに放り出してみてほしい。語彙はまるっきり違っていても、ものの十分もあればコミュニケーションには困らなくなるだろう。

わたしとて、もし外国で急に電柱におしっこをする犬の物まねをしなければならなくなったとしたら、あらん限りの工夫をして、これは牛じゃなくて犬なんだと現地の人にわからせることができる。

最近、すこぶるキッチュなインドの短編映画を観た。出演するのは若いインド人のろう女性。彼女は手話で話していた。違いならいくらでもあったが、わたしは彼女の言っていることがほとんどすべて理解できた。

それから、以前イタリアに住んでいた頃、ナポリで知り合った友だちを両親に会わせる機会があった。わたしは愕然とした。友人たちはなんの躊躇《ためら》いもなく、手話とは似ても似つかぬ、それでいてイメージ豊かな身振りを存分に使って二人に話しかけたのだ。しかもぜんぶ伝わった！　なんとも可笑しかった！

少し専門的に言うと、フランス手話とアメリカ手話では語彙の半分ほどが共通している。そして世界の多くの国の手話はこの二つに端を発している。

手話は生きた言語で、日ごとに変化する。外国のろう者団体やろう者のオリンピック（デフリンピック）によって、世界中に広まっている。異なる手話間の類似点はさらに増えていくだろう。

だから、そう、オーストラリア出身のろう者Aとアフリカ出身のろう者Bが一緒に話せて、そのろう者Bはデンマーク出身のろう者Cとも会話ができて、そのろう者Cはろう者Aと話したことがある、なんていう状況もあり得る。片言《かたこと》であっても、お互い理解し合うのに時間はかからない。わたしたち聴者とは違って。

おじのギイが仕事を引退後、ワンマンショーの世界に乗り出した！　彼は難聴者や音声での語りを理解しづらい人々にとってのギイ・ブドス［アルジェリア生まれのフランス人俳優、コメディアン］。舞台に一人で立ち、手話とジェスチャーを交えて独自の語りを展開する。結果は大当たり。彼の人気は世界中に広まり、国際的なファンクラブまでできた。ろう者たちはたくさん笑った。もちろん、ろう者だけでなく聴者も。

•

二十一歳になった。家を出て少なくとも二年。一緒に演劇をやっていた頃に比べれば会うことは減ってしまったけれど、それでも両親はわたしを気にかけてくれた。予想していた以上に。わたしが最初の仕事を見つけられたのも手話文化に馴染んでいたおかげだった。さんざん我慢してきたけれど、ようやく報われる時が来たのだ。

おじとエヴとわたしは、シテ科学産業博物館で職を得た。ギイはろう者のための館内案内役、エヴとわたしは手話専門の受付係。

年々、周りから訊かれることは変わっていった。その頃多かったのは「手話できるの？」、それに続いて「手話で〝こんにちは〟ってどうやってやるの？」

エヴと一緒にずいぶん遊んだ。

「三角巾で吊ったみたいに右腕を曲げるでしょ、手のひらは上向き。左腕も同じようにして、手のひらは下向き。両腕が重なるようにして。右手の中指で左の肘をひっかいて、左手の中指で右の肘の窪みをひっかいて。〃こんにちは〃はこうやってやるの」

というう具合に悪戯に興じていると、ある晩おじが受付事務所にやってきた。いいかげんなことを吹聴するのはやめろと言いながら半分は怒り、半分は楽しげな様子で。ここ数日というもの、博物館の受付係はみな「レズビアン」と言いながらおじに挨拶していたのだ。

「だめじゃないか。ここ科学、一応」

両親に会うことは少なくなってしまったけれど、実を言うとときどき無性に恋しくなる。それで彼らと繋がっていられる方法を一つ見つけた。フランス語の歌を手話に翻訳しよう。苦にならない作業だった。誰かと話す必要もないし、誰もわたしの演技が下手とか言わない。それどころか、身振りや表情、自分の体を使って、わたしはどんな感情でも自在に表現することができた。大成功だった。両親はどうしようもなかった娘がやっと自分たちのことを認めてくれたと感動し、誇らしげだった。聴者の反応もよかった。実際、手話の歌は目を惹き心を揺さぶる。それでわたしはパーティーやら誕生日祝いやら結婚式やら、いたるところで手話歌を披露した。どこへ行っても好評だった。そんな折、父の生徒で映画監督をしていたマルゴシア・ディボウスカがわたしに会いにやってきて、短編映画を撮りたいと言った。タイトルは『勘違い（*Maldonne*）』。手話で歌ったのは、フランソワーズ・アルディの『私小説』。台詞はたったの一言、「待って（Attends.）」。声を使う自信のないわたしにはぴったりだった。わたしは小声でつぶやく。ささやき声が性に合ってる。

一九九三年。『沈黙の子どもたち（*Les Enfants du silence*）』にエマニュエル・ラボリ［フランスの俳優。生まれつきのろう者］が出演。モリエール賞に輝いた。

快挙だ。

フランスのろう者の世界は大きく変わった。今も変わり続けている。

それがとてつもなく嬉しい。

時間はかかる。まだまだやらなきゃいけないこともある。それでも、以前よりよくなった。

エマニュエル・ラボリのおかげで。

おじのギイのおかげで。

ろうコミュニティのおかげで。

そしてちょっとくらいは、わたしの両親のおかげで。

テレビを点ける。TF1［フランスの民間テレビ局］。Le Bigdil［九十年代終わりに人気を博したバラエティー番組］の時間だ。司会はヴァンサン・ラガフ。チャンネルを変えようかと腰を上げたその瞬間、画面の向こうの客席に知った顔を見つけた……。母と、その隣におばが映ってる！ 二人してそんなところでなにしてるの？ 恥ずかしい！ でもそれは序章に過ぎなかった……。司会のラガフが盛大に、あるゲストの到来を告げた。それは規格外の男——なぜならろう者だから——、彼の名はギイ・B、娘のエヴさんもご一緒です。番組終了まで通訳を担当してくれます。

開いた口が塞がらない。ドラムのロール音が鳴り響く。ギイの登場。「マリオネットであそぼ」［フランスの童歌。子どもが手遊びをしながら歌う］の歌に合わせて頭上でひらひら手を動かしている（これがろう者の拍手のやり方だ）。客席が映し出される。母も同じようにひらひらと手を動かし、自慢げにほほ笑んでいる。ギイにカメラが戻り、自己紹介が始まった。エヴは事もなく通訳してみせる。ラガフが三十秒ごとに高笑いを響かせる。わたしは画面の前でみじめな気持ちだ。番組の主旨は、ゲームに参加して賞品を獲得すること。ギイが挑むのは「伝言ゲーム」だ。ルールはこう。ギイが手話で表したものを、一列に並んだ女性グループ「ガフェット」のメンバーが一人ずつ順番に真似をする。その際、自分の直前の人しか見ることはできず、それより前の人のジェスチャーは見てはいけない。末尾にはエヴが待機していてギイが最初に手話でなんと言ったかを当てるのだが、当然それはリレーを経てすっかり原形を失ってしまっている。最後の一人がエヴの目の前で身振りをしてみたときには、もうなんの意味もなさなくなっていた。解読不能。にもかかわらず、エヴは悉《ことごと》く正解してみせた。

エヴは観客の方を向いている。ということはつまり、視線の先にはわたしの母がいる。母が彼女に、手話で答えを教えていたのだ。

手話というのはまったくもって便利な言葉だ。静かで、遠くからでも見えて、そしてなにより手話のおかげでわたしの家族は豪華なヨーグルトメーカーを獲得することができた。

おじのギイがシンチグラフィー検査を受けに行く。妊娠七か月のヴァレリーが病院に同伴することになった。放射性ヨードを体内に投与するので、赤ちゃんに悪影響が出ないようお父さまには近づかないように、とヴァレリーは言い渡された。どうってことはない。彼女はカフェテリアの端に座り、ギイは反対側に座り、二人で会話をし始めた。全然問題ない。

•

わたしはおしゃべりだ。みんなにそう言われる。

けれどわたしが実は寡黙だということはたぶん誰も知らない。

家族のなかで、本当に口がきけないのはわたしだ。

気持ちを伝えたり愛情表現をしようとすると途端に押し黙ってしまう。自分の子どもたちだけが地上で唯一、わたしが「愛してる」と言える存在だ。

「たしかにわたしたち自身、親から〝愛してる〟って言われてこなかったもんね」と、なにかにつけてエヴは言う。

聞いたことがないのだから、うまく言葉にできない。

セックスの話だったらわたしはまったく臆さない。タブーだとか、特段卑猥なことだとかは一切思わない。ありがとうお母さん！

その一方、自分の気持ち、なにを感じているかについて話すのは恥ずかしくてままならない。

自分の世界に引きこもってしまう。

わたし一人しか存在しない世界のなかに。

沈黙の世界。

相手にとっても厄介かもしれないけれど。

わたしにとってはもっと地獄だ。


携帯電話を持つようになってから、父はその言葉を書いて送ってくれる。わたしも同じように「愛してるよ」と返信する。けれど父と一緒にいるときは、目を見て気持ちを伝えることができなくなる。口は閉じたまま、手はポケットのなかに引っ込んだまま。

妊娠した。

怖かった。

九か月間、不安だった。

もし娘がろう者だったら？

わたしはどうすればいいんだろう？

この子の父親になるニコラになんて言えばいい？

彼にそんなこと押しつけられない。

医者に相談したら、大丈夫と言ってくれた。

「お父さまは耳が聞こえなくなったんですよね？」

「そうです、先生、でも……母とおじは、二人は生まれつき聞こえないんです」

「それより前の家系でろう者はいましたか？」

「いえ、いませんでした」

その日が来た。

出産。

長女が生まれた。畢竟、聞こえようが聞こえまいがどっちだってよかった。わたしの娘だ。かわいい娘。わたしの子どもなんだ。この子はこの子。

それでもわたしは、両手を叩いてみた。ちょっとたしかめるだけ。娘はびくっとした。

聞こえるんだ。

三年後、長男が生まれたときはそれほど緊張しなかった。お姉ちゃんが聞こえるんだったら、弟が聞こえないはずはない。

とはいえまったく不安がないわけではなかった。

息子がわたしのお腹の上に置かれた。かわいいかわいい男の子。

話しかけると、反応した。両手を叩くと、びくっとした。

この子も聞こえるんだ。
「呪い」は終わった。

•

もしもう一度、同じ人生をやり直さないといけないとしたら？

二人が大好きだった。
二人が大嫌いだった。
二人を拒んだ。
二人を讃えた。
恥ずかしかった。
守りたかった。
退屈だった。
自分のせいにもした。

声で話す親という空想は長いことわたしのなかに在り続けた。
今はもうない。

今は、わたしは誇らしい。
二人がわたしの親であることが。
なにより、二人を愛してる。
それを知っていてほしい。

解説

あるコーダから「相談がある」と言われ、内容を聞くと、本書の解説を書くことについてだった。オンラインで話を聞きながら、彼女の葛藤が画面越しにじわじわと伝わった。そして、彼女の筆を私が引き取ることになった。色々な思いを巡らせているが、自分のコーダとしての経験を交えながら私なりに筆を進めることとする。

私の両親はろう者で、私はコーダ（聴者）。三歳上の姉と二歳下の妹もともにコーダである。私たち家族の中に手話はあったが、両親とのコミュニケーション方法は口話が主であった。高校生から手話を学び直し、現在は手話の割合の方が大きくなっているが、コーダ全員が手話を第一言語として習得しているわけではないという点について、まずは言及しておきたい。私たち家族については『コーダ　私たちの多様な語り』（澁谷智子、生活書院）で詳細を記しているので、ご一読いただけるとうれしい。

約十年の間コーダ研究に関わる中、さまざまなコーダの話に触れる機会があった。まだ出会えてないコーダもたくさんいるが、それぞれのコーダにストーリーがあり、そのストーリーを聞く（読む）ことが私は大好きだ。他のコーダの話を聞くことで、自分の経験の整理ができ、自分への理解が深まる。私がコーダ研究をはじめたきっかけも「自分についてもっと知りたい」と思ったからだ。十八歳でコーダという言葉に出会ったが、当時はコーダについて日本語で書かれているものは少なく、英語で書かれた本や論文を多く読んだ。その中でコーダ団体の存在も知った。その後、コーダ団体と関わることで、姉と妹以外のコーダに会う機会も増え、より多くのコーダの語りに触れることになった。近年、コーダが自らの経験を発信することも増え、本やSNS等を通してコーダの人生について知る機会も増えた。そしてまた一人、フランス人コーダのヴェロニク・プーランさんの語りに志村響さんの翻訳を通して出会うことができた。

ヴェロニクさんの人生は寄せては返す波のようだ。しかもただの波ではない。サーファーたちに喜ばれそうな大波だ。こんな大波に私も乗っていたのだとヴェロニクさんのエッセイから気づかされた。

きこえる世界ときこえない世界の行き来。

ろうコミュニティや親に対して、好きだけど嫌い、嫌いだけど好き、という感情の行き来。

音を聞きたい日と聞きたくない日の行き来。

誇りと恥と怒りの感情の行き来。

大波が行ったり来たりを繰り返しながらも、その波がだんだんと緩やかになって、「今は、わたしは誇らしい。二人がわたしの親であることが」(一七一頁)とヴェロニクさんが最後にまとめたところで、穏やかな海の映像が浮かんだ。

そんなヴェロニクさんの「行ったり来たり」が私の経験とも重なった。

きこえない親を守りたい、親に守られたい。

わかり合えない苛立ち、わかり合えないけど感じる愛。

たぶんコーダの多くは、感情の行ったり来たりを人一倍繰り返しながら、成長していくのだろう。

一〇一〜一〇二頁の描写は、ヴェロニクさんがご両親のことを誇りに思うための大きな一歩だったのではないかと思う。「普通の家族なんてない」という気づきは、改めて考えると当たり前のことなのだが、荒れ狂う波の中にいる者としては世紀の大発見である。色んな家族の形がある。私たちの場合は「親がきこえない、子どもがきこえる」という家族の形。

言語学に関わる身として手話に関する次のような捉え方が気になった。
「両親の話す言語にはメタファーも、冠詞も、動詞の活用もない。副詞は少し。ことわざも格言もない。言葉遊びもない」（一三四頁）
「手話に動詞の活用はない。時制もない。前も後も途中もあるけれど、過去形はないし、未来形も、現在形もない」（一四九頁）
上記の解釈に私は懐疑的である。手話言語学という分野が開拓され、研究がすすんでいる今、これらの解釈は覆されようとしているのではないか。時制に関しては、日本手話においてもすでに整理されており、過去形、未来形、現在形それぞれの手話表現や非手指表現についても先行研究で言及されている。例えば、／終わる／の手話や口形の／パ／の表現が過去形や完了形として使われたり、／中／の手話が現在進行形として使われたりする。本文では「時間の線」と書かれていたが、フランス手話では体の前後で時制を表すのだろうと推測する。想像してみてほしい。手話に時制がないのであれば、ニュースや天気予報も手話で表現できないという理屈になってしまうが、実際にはニュースや天気予報の情報を手話から得ることができている。一方で、異なる手話言語を話すろう者同士が「語彙はまるっきり違っていても、ものの十分もあればコミュニケーションには困らなくなるだろう」（一五二頁）という状況は私も目にしたことがある。

所々にちりばめられている皮肉なジョークについて辛辣に感じる読者もいるかもしれないが、私の家族でも似たような話が繰り広げられる。例えば、私たち姉妹の間では「お母さんは、本当はきこえるのではないか？」という説がある。本文の中ではヴェロニクさんの様々な「呼び方作戦」が紹介されていたが、私は「とりあえず声で呼んでみる作戦」を実践することがある。私に背を向けている母に向かって「おかーさーん」と叫ぶと、あら不思議、タイミングよくこちらを振りむく。このようなこともあり、母が「実はきこえるんだ」と死に際に暴露し、みんながずっこけるという話をして、三姉妹で笑う。親の障害を私たち自身がそんなに重く受け止めていないのは、両親が太陽のように明るいからかもしれない。私の友人もそんな両親のことが大好きで、私は今まで親のことでいじめられたことはない（公共の場でじろじろ見られることはあったが）。そして、訳者あとがきでも書かれているように、私の親のことを笑えるのは私と私の家族だけ、というのはもちろん添えておきたい。

「呪い」は終わった」（一六九頁）の一言は、訳者あとがきでも触れているが、「なるほど、あの感情をこの言葉で表したのか」と妙に腑に落ちる自分がいた。

親の障害について交際相手にどう伝えようか、結婚相手の家族は理解してくれるか……という葛藤は私も経験したが、訳者あとがきで記されているヴェロニクさんの夫の反応が私の夫と似ていたので驚いた。

私の夫は、私と結婚するまでろう者と関わったことはない。交際開始まもなく、両親のことを話すと、夫は何も聞こえなかったかのように「ふ〜ん、そうなんだ。でさ、おれさ〜」と全然関係ない自分の話をし始めた。「こんなもんでいいんだ」と私は肩の荷がおりた。

その後、彼と結婚し、妊娠した。

生まれてくる子が「きこえるのかきこえないのか」という考えはコーダだったら一度は頭をよぎると思う。「きこえなくても大丈夫。きこえなかったらどうしよう。きこえない子が生まれたら家族のせいにされるのかな。でも大丈夫、こんなに明るい両親がいるから」と色んな感情が波のように行ったり来たりしていた。ヴェロニクさんのように。

遠い家族から出生前診断をすすめられたこともある。「障害を持って生まれると大変だから」というが、大変にさせているのは一体誰なのか。

出産前に産婦人科で「家族の中に障害を持っている人がいますか？」と聞かれ、両親の話をした。新生児聴覚スクリーニング検査は任意だったのだが、助産師さんに「ご両親のこともあるし受けるべきだ」とすすめられたので、その通り受けた。

産後三日目、聴覚スクリーニング検査をpassしたと聞いて「この子は音の子なんだな」と思ったと同時に「これで両親のせいにされなくて済む」と肩の荷がおりた。

結婚前、妊娠時、出産後、私が感じていた「肩の荷」がヴェロニクさんのいう「呪い」だったのかもしれない。私が勝手に感じていた「きこえる方が良い」という「呪い」。「障害」という言葉のスティグマは知らないうちに私たちを蝕んでいる。それが「呪い」という言葉となって現れたのではないか。

「きこえる方が良い」というのは誰が決めたんだろう。たまたまこの社会にきこえる人が多く存在しているだけなのに。「きこえる方が良い」という考えは私の親の存在を否定する。そしてまわりは「きこえる方が良い」という考えを簡単に押し付け、簡単に私の親を否定してくる。でも私は両親を見ていて「きこえなくて良いな」と思うこともある。きこえないことは不幸として社会では語られがちだけど、ヴェロニクさんが「障害の功名」（一一三頁）と書き表したように、きこえない幸せ（そしてきこえない親を持つ幸せ）についても考えてみてほしい。

冒頭でも触れたが、ここ十年弱でコーダの語りを多く目にするようになり、きこえない親の背後にそっといたコーダたちにもスポットライトが当たるようになった。そんな一種の「コーダブーム

(?・)」の中、そっとしておいて欲しいコーダもまだまだ多くいるのではと推測する。そんなコーダたちの心情も私は尊重したい。

本解説では、私自身の経験を交えながら書かせていただいた。私の声が「コーダの代表」となってしまうことを危惧しているが、読者の皆様にはどうか個々のコーダの経験を尊重していただきたいと思う（もちろんそれはコーダに限らずだが）。また、私の親世代のフランス人コーダが書いたエッセイが、今の日本でどのように解釈されていくのかという点も個人的には非常に高い関心を持っている。コーダにとどまらず、様々な背景を持つ読者が、ヴェロニクさんの経験を鏡にしながら、個々の経験を振り返り、自身への理解を深める一助になることを期待する。他にも書きたいことはたくさんあるのだが、まだ見ぬコーダの皆さんに思いを馳せながら、引き取ったこの筆をおきたいと思う。

安東明珠花

訳者あとがき

「コーダ」と呼ばれる人たちの存在に強く惹きつけられている。「コーダ」とはChildren Of Deaf Adultsの略称CODAから取ったもので、「聞こえない親を持つ聞こえる子ども」を指す言葉である。本書の著者、ヴェロニク・プーランもその一人だ。

大学生のときにフランス語を学び始め、のちにフランス語教師となった僕は、長くモノリンガル（単一言語話者）として生きてきた。英語は別としても、その他の外国語、あるいは第二言語と呼ばれるものは、自ら手を伸ばさなければ触れられない、触れる必要さえないものだった。

「コーダ」はそうではない。ろう者の親のもとに生まれ、多くは家族というミニマムな世界の言語として最初に手話を覚え、その後、より大きな社会に接続されていく過程で音声言語を獲得する。望むと望まざるとにかかわらず生まれながらにバイリンガルとなることを運命づけられ、しかもそれが日本語と英語、日本語とフランス語のような音声言語の組み合わせではなく、日本語と日本手話、フランス語とフランス手話のように視覚言語を片端に持つ。

そんな生き方がある、ということそのものが僕にとっては新鮮な驚きだった。そして韓国出身のコーダ当事者イギル・ボラが著した『きらめく拍手の音 手で話す人々とともに生きる』（二〇二〇年、リトルモア）を読んでいたとき、思いがけず本書の存在を知った。フランス人のコーダが書いた本が韓国語に翻訳され、それを読んだボラ氏が「私の経験かと思う記憶が、私が書いた文章かと思う文句が綴られていた」「フランスのコーダの日記帳だったが、同時に私の日記帳でもあった」と紹介していたのだ。

Les mots qu'on ne me dit pas というタイトルのその本はさらに、『エール！』の邦題で日本でも公開されたフランス・ベルギー共同制作映画 *La Famille Bélier* の脚本の原案でもあったという（そして『エール！』のリメイク版が二〇二一年にアカデミー賞を受賞した『コーダ あいのうた』だ）。韓国語に翻訳されているのなら日本語は？　と気になりすぐに調べたところ、どうやら日本語翻訳の出版はまだのようで、それなら自分が、と間を置かずに企画書を作り、他の仕事を通じてご縁のあった編集者の方に持ちかけた。

けれど当事者でない僕が、当事者のアイデンティティを借りて翻訳などしてよいものか。こうした躊躇いが、自分にとって初めての書籍翻訳という作業を通してずっと心の内にあった。もちろん、当事者にしかできない仕事もあれば、当事者でない人間だからできる仕事もある。とはいえ、ＡＩによる自動翻訳も発達した今、機械による翻訳と、生きた、しかし非当事者である僕の翻訳にどれほどの差があるだろうか。

その差を少しでも広げよう、人間の仕事として意味あるものにしようと、手話の勉強をはじめとして、ろう当事者やろう文化の研究者、そしてコーダ当事者の手による書籍にもできるだけ目を通し、彼らの人生をなぞるために想像力を働かせた。コーダ本人が自身の経験を語った本はまだ少なく、まして海外作品の翻訳となるとさらに数も限られる。フランス人コーダの半生を綴った本書を日本語で読める形にすることで、コーダという生き方、そして手話という言語の認知がさらに進むことを願い翻訳に取りかかった。

この本の翻訳は決して簡単な作業ではなかった。まずは文体の問題がある。お読みいただいてわかるように、無駄がないとも不親切とも言えそうな、かなり削ぎ落とされた文体となっている。著者の性格か、あるいは手話の文法の影響のようなものもあるのかもしれないが、原文の理解に苦労する箇所も多々あり、訳文があまりにわかりづらい場合、必要に応じて文言を補っている。

そして、これは著者の性格というだけでなくフランス人一般に見られる傾向でもあるのだが、作中を通して皮肉が散りばめられている。ともすれば重くなりがちなテーマでありながらこうしたユーモアのおかげで全体的に軽く、一種の娯楽本として読めるという利点もあるが、行き過ぎれば差別、ひいては侮蔑のように取れる表現も散見され、どう訳そうかと悩ましかった。

たとえば「レズビアン」という手話単語を引き合いに出し、揶揄するような場面がある。これが一種のジョークで済まされるとすれば、それは当時（一九八〇年代半ば）の時代背景も然ることながら、性的少数者たる同性愛者と言語少数者たる手話話者、同じ被差別者としての仲間意識や自虐的なユーモアがそうさせたと考えることができるからだろう。

その矛先が自身の家族に向かうことも著者は厭わない。両親との会話を「なんの面白みもない」と言ったり、両親が発音した「ぐちゃぐちゃの単語がなにかを当て合う」酷なゲームに興じたり、笑っていいのかわからないような際どい表現も多く見られる。あるインタビュー動画で彼女は「わたしの親をバカにしていいのはわたしだけ。真似しようなんて思わないでくださいね。怒っちゃいますよ」と茶目っ気を交えて語っているが、こうした冗談は果たして愛情の裏返しと取ってよいものだろうか。

なかでも解釈に困ったのは終幕も近い169ページ、「「呪い」は終わった」の一文である。この章の流れだと、聴者であるパートナーとのあいだに聴者の長女、次いで同じく聴者の長男が生まれたことで、「家からろう者がいなくなった=呪いは終わった」という風にも読めてしまう。しかしどうやらそうではない、ということが、別のとあるテレビ番組に出演していたときの映像での彼女の口振りからわかった。


「今の夫と出会った頃の会話ですけどね、『両親がろう者なの』と告げたら『ふうん?』、『だから耳に障害のある子どもが生まれてくるかもしれない』と言ったら『それがどうしたの?』と言われて。びっくりした。祖母にかけられた呪いは終わった」

母方の祖母が「あなたの親は障害者なんだから、誰があなたと子どもを作りたいなんて思う？」とさんざん言って若きヴェロニクにかけた「呪い」が、耳の聞こえない子どもが生まれてきても大丈夫と言ってくれるパートナーが現れたことで「解けた」。紛らわしい書き方ではあったが、作中の一文もむしろこのように解釈すべきなのだろう。

本書タイトル『手はポケットのなか』は本文から抜粋した（「けれど父と一緒にいるときは、目を見て気持ちを伝えることができなくなる。口は閉じたまま、手はポケットのなかに引っ込んだまま」）。

原題は Les mots qu'on ne me dit pas、訳すなら「（わたしが人に）言ってもらえない言葉たち」という意味だ（このタイトル自体、本文からの抜粋である）。しかしこれでは日本語としての収まりがいまいち悪く、また、もとの美しさを損ないたくなかったので他の表現に置き換えたが、原題はとても気に入っている。では「言ってもらえない言葉」とはなにか。それは両親をはじめ、おじやおば、周囲のろう者から声でかけられることのなかった言葉の数々であるとともに、あえて一つに絞るとすれば「愛してる（je t'aime）」の一言に他ならない。

この本は、聴覚障害へのまなざしが今より厳しかった時代にろう者の両親のもとに生まれ、他の家族との違いに狼狽え傷つきながらも「コーダ」としての運命を背負い生き抜いた少女の物語であると同時に、母と娘、そして父と娘のあいだに生じる遠慮や無遠慮、どこにでもある葛藤やもどかしさを描いた家族の愛の物語でもあるのだ。

最後に、本書を形にするにあたっては多くの方のご協力を賜った。原文の理解を深める手伝いを快く引き受けてくれた友人のジュリアン・ドゥステ。ご自身の境遇とともに大変示唆に富む解説を執筆くださった安東明珠花さんをはじめ、著者と同じようで違う経験をそれぞれ持ち、さまざまにご助言をくださったコーダ当事者の方々。そして粗削りの僕の企画書を見て「面白いですね、やりましょう」と二つ返事で賛同してくださった白水社の西川恭兵さん。フランス関連の本のみならず手話関連の書籍編集も手がけられ、フランス語と手話という一見隔たりのある両言語が交差するところですでにお仕事をされていた方だったからこそ、大船に乗ったつもりで翻訳という航海に漕ぎ出すことができました。みなさんに改めてお礼を申し上げます。ありがとうございました。

志村 響

二〇二三年十二月

訳者略歴
志村響（しむらひびき）
一九九四年生まれ。フランス語教師。レンヌでの語学留学を経て、東京外国語大学卒業。言葉と言葉、言葉と身体のあわいに関心を持つ。今作が初の翻訳作品。

手はポケットのなか
コーダとして生きること

二〇二四年　二　月二〇日　印刷
二〇二四年　三　月一五日　発行

著　者　ヴェロニク・プーラン
訳　者©志　村　　響
装　丁　北　田　雄　一　郎
発行者　岩　堀　　雅　己
印刷所　株式会社　三　秀　舎
発行所　株式会社　白　水　社

東京都千代田区神田小川町三の二四
電話　営業部〇三（三二九一）七八一一
　　　編集部〇三（三二九一）七八二一
振替　〇〇一九〇・五・三三二二八
郵便番号　一〇一・〇〇五二
www.hakusuisha.co.jp
乱丁・落丁本は、送料小社負担にてお取り替えいたします。

誠製本株式会社

ISBN978-4-560-09282-8
Printed in Japan